살아 있는 동안 꼭 읽어야 할 마음 경전
법구경

살아 있는 동안 꼭 읽어야 할 마음 경전
법구경

초판 1쇄 발행 2025년 7월 15일

엮은이 제민
펴낸이 정성욱
펴낸곳 이정서재

편집 정성욱
마케팅 정민혁

출판신고 2022년 3월 29일 제 2022-000060호
주소 경기도 고양시 덕양구 무원로 6번길 GL프라자 605호
전화 02)732-2530 | FAX 02)732-2531
이메일 jspoem2002@naver.com

ⓒ 제민, 2025
ISBN 979-11-988460-4-4 (03220)

* 이 책은 저작권법에 따라 보호받는 저작물이므로 무단전제와 무단복제를 금지하며 이 책 내용의 전부 또는 일부를 이용하려면 반드시 저작권자와 더소울의 서면 동의를 받아야 합니다.
* 이 책의 국립중앙도서관 출판시 도서목록은 서지정보유통시스템 홈페이지(http://seoji.nl.go.kr)와 국가자료공동목록시스템(www.nl.go.kr/kolisnet)에서 이용하실 수 있습니다.
* 잘못된 책은 구입하신 서점에서 바꿔 드립니다.
* 책값은 뒤표지에 있습니다.

여러분의 소중한 원고를 기다립니다.
jspoem2002@naver.com

살아 있는 동안 꼭 읽어야 할 마음경전

법구경

제민 엮음

이정
서재

책을 펴내며

 부처님의 이름으로 『법구경』을 펴낸다.
 『법구경』은 대장경 중에서도 엮은 시기가 가장 오래된 것으로 알려져 있다. 원래 이름은 '담마파다'이다. 법 또는 진리의 뜻을 품고 있는 '담마'에 말씀을 뜻하는 '파다'가 함께 붙여졌다. 즉 '진리가 들어 있는 말씀'이라는 뜻이다.
 처음 이 경들은 고대어인 산스크리트가 세속화한 '팔리어'로 석가모니 부처님이 대중들에게 널리 가르친 것으로 알려져 있으며 설법이 매우 정확하고 원초적인 내용 그대로를 대중들에게 전하고 있다. 특히 미얀마, 캄보디아, 실론 등 소승불교가 있는 남방불교에서는 이 『법구경』을 깨달음의 경지로 인정하고 있다.

19세기 중엽 덴마크의 석학 파우스벨은 『법구경』을 두고 '동방의 성서'라고 불렀다. 그후 원전을 출판하여 영어, 독어, 불어로 미국과 유럽 등 전세계로 번역되어 출간되었다. 말하자면 『법구경』은 성경과 더불어 가장 많이 읽힌 불교 경전이 된 것이다.

우리나라에서도 적지 않게 출간되었다. 그러나 출간된 책을 읽을 때마다 원어와 한글 사이의 의미 전달이 어려워 이해하는 데 적지 않은 무리가 따랐다. 그것은 경전이 가지는 고유의 뜻과 한글이 가지는 고유의 성격이 각각 뜻하는 바가 다르기 때문이다.

사실, 경전은 학문을 탐구하기 위해 써진 것이 아니라 일반인들이 읽고 실천하고 몸으로 부처님의 뜻을 체득하는데 필요한 가르침이다. 그렇기에 지나친 경전의 어려움은 오히려 대중들에게 읽기의 부담감으로 다가오기 쉽다. 이러한 어려움을 타파하고 일반 불자들이 경전을 이해하기 쉽도록 간략한 제목과 간단한 해제를 달았다. 불자들이 읽고 쉽게 체득하기 위함이다. 책이란 것은 읽기 위해 만들어진 것이다. 어려운 문장으로 가득한 책은 아무런 도움이 되지 않는다.

『법구경』은 모두 423편으로 이루어진 잠언 시집이다.

또한 그 주제에 따라 26장으로 축약하여 8장 140여 편만 실었는데 각각의 잠언들은 우리들의 마음을 울리고 가슴을 적신다.

사실 『법구경』을 읽으면 그 한 편, 한 편 실려 있는 내용들은 우리들의 잠든 영혼을 깨우쳐 주는 가르침이 무한히 녹아 흐르고 있다. 읽으면 읽을수록 절로 마음이 뭉클해지고 그 '깨침'이 주는 힘은 절대적이다.

이 책은 원전인 『법구경』을 바탕으로 하여 현대 문장에 맞게 번역한 것임을 미리 밝혀 둔다. 『법구경』은 이 세상에서 가장 많이 읽히는 불교 경전 중의 하나이지만 일반 불자들이 읽기에는 어려운 문구들이 많아서 이해하기 쉽게 간략한 해설을 붙였다.

향이 녹아 흐르는 시간이다. 불타의 종소리가 바람 소리에 뎅.뎅.뎅 미명을 깨고 있다. 바위 간에 서서 먼 산을 바라보면 짙은 아침 해 속으로 관세음보살의 화신이 걸어오는 듯하다. 파도가 몰아쳐 온다. 만법萬法의 울림이다.

2025년 6월 저물녘
나무마하반야바라밀
제민 합장

차례

책을 펴내며 • 005

1장 정견正見
: 현실과 진리를 바르게 이해하라

불타의 출현 —— 018
제행무상諸行無常 —— 020
나의 고삐는 나의 것 —— 022
일체개고一切皆苦 —— 024
제법무아諸法無我 —— 026
성스러운 수행자 —— 028
욕망의 뿌리 —— 031
부처님을 항상 섬겨라 —— 033
불법을 깨쳐라 —— 037
삿된 소견을 버려라 —— 039
삿된 가르침에 속지 말라 —— 042
청정한 마음 —— 044
나의 어리석음을 알라 —— 047
금기禁忌 —— 049
겉만 꾸미지 말라 —— 052
육신의 쾌락 —— 055
늙음과 죽음 —— 057

2장 정사유正思惟
: 탐욕과 성냄을 버리고
자비와 이타심을 실천하라

열반 ──── 062
나는 소중한 존재 ──── 064
정법正法 ──── 066
죄斷罪에 관하여 ──── 068
허물 ──── 070
업보業報 ──── 072
행복 ──── 074
입을 조심하라 ──── 076
깨끗한 덕성德性 ──── 078
지혜로운 사람은 ──── 080
인과법因果法 ──── 082
삼독三毒 ──── 084
나만의 행복을 구하지 말라 ──── 086
후회 없는 삶 ──── 088
보람 있는 삶 ──── 090
산다는 것은 ──── 092
선행善行의 가치 ──── 094
똑같은 실수를 되풀이하지 말라 ──── 096

3장 정어正語
: 친절하고 진실한 말을 하라

악의 결실結實 ──── 100

목마름 ──── 102

악을 피할 때는 단호하라 ──── 104

착한 일을 실천하라 ──── 106

작은 악행惡行도 가벼이 여기지 마라 ──── 108

나쁜 일은 멀리하라 ──── 110

어리석지 마라 ──── 112

악의 유혹을 버려라 ──── 114

자신에게 원수가 되지 마라 ──── 116

간음하지 말라 ──── 118

과보果報의 법칙 ──── 120

어리석은 사람 ──── 122

거짓말을 하지 말라 ──── 124

깨달음의 길 ──── 126

살생의 끝 ──── 128

타인을 비판하지 마라 ──── 130

과음의 끝은 ──── 132

악담惡談의 끝 ──── 134

4장 정업正業
: 도덕적이고 윤리적인 행동을 실천하라

진정한 바라문 ──── 138
분별심을 버려라 ──── 140
남의 허물을 들추지 말라 ──── 142
나의 때를 벗겨라 ──── 144
열 가지의 과보果報 ──── 146
악은 악을 낳는다 ──── 149
의로운 사람 ──── 151
사랑도 미움도 마음에 두지 말라 ──── 153
무애無碍와 무착無着 ──── 155
화는 행복의 적 ──── 158
남을 모함하지 말라 ──── 160
이성에 대한 욕망을 버려라 ──── 162
치열한 수행 ──── 164
미움과 화냄을 버려라 ──── 166
반야般若 ──── 168
마음의 눈 ──── 170
배움이 깊은 사람은 ──── 172
눈 밝은 사람 ──── 174

5장 정명正命
: 선하고 깨끗한 마음으로 살라

불법佛法을 닦으라 ——— 178
마음을 닦으라 ——— 180
깨달음의 길 ——— 183
자비를 실천하라 ——— 186
연꽃 ——— 188
기쁨의 길 ——— 190
죽음이란 ——— 193
참된 스승 ——— 196
인생을 허비하지 말라 ——— 199
그릇된 생각 1 ——— 202
그릇된 생각 2 ——— 205
내적內的인 존경 ——— 207
나를 경계하라 ——— 209
이런 사람이 있는가 ——— 211
나를 사랑하라 ——— 214
육근六根을 다스려라 ——— 217
방만하지 말라 ——— 220

6장 정정진正精進
: 선한 마음을 항상 유지하고
악한 마음을 없애라

마음 집중 1 ——— 224
마음 집중 2 ——— 226
마음을 바로 세우라 ——— 229
살찐 돼지 ——— 234
반야般若의 진검 ——— 237
게으르지 말라 ——— 239
자신을 잘 다스려라 ——— 241
실천 수행하라 ——— 243
수행의 공덕 ——— 245
악업을 짓지 말라 ——— 248
덕을 많이 쌓아라 ——— 251
마음을 어질게 하라 ——— 253
마음을 비워라 ——— 255
남을 해치지 말라 ——— 257
분노하지 말라 ——— 259
타인을 불편하게 하지 말라 ——— 261
관대하라 ——— 263

7장 정념正念
: 현재의 나에게 집중하고
생각과 감정을 명확히 인식하라

복수하지 말라 ——— 268
어진 이를 해하지 말라 ——— 270
잡초가 되지 말라 ——— 272
악업의 대가 ——— 275
어렵더라도 선한 일을 하라 ——— 278
미워하지 말라 ——— 280
탐욕을 버려라 ——— 282
인내하라 ——— 285
초연하라 ——— 287
집착을 끊어라 ——— 289
깨달음에 이른 이는 ——— 292
참선 수행 ——— 294
불멸의 기쁨 ——— 296
불생불멸의 기운 ——— 298
환희심 ——— 300
자신을 잘 다스려라 ——— 302
갈애의 불길을 멈추게 하라 ——— 304

8장 정정正定
: 내 마음을 고요한 명상으로 이끌어라

    욕망을 버려라 ── 308
    마음속의 열반을 찾으라 ── 310
    깨달음을 얻은 사람 ── 312
    불법佛法을 진실로 행하라 ── 314
    나이 듦의 뜻 ── 316
    성인聖人이란 ── 319
    한 생명도 해치지 말라 ── 321
    생사生死의 가시 ── 323
    갈애와 애착을 끊어라 ── 325
    자신을 이긴 자가 되라 ── 328
    자기에게 항복하라 ── 330
    나의 주인은 바로 자신이다 ── 332
    비난받지 않는 자는 없다 ── 335
    선악善惡 ── 338
    덧없는 육신 ── 340
    죽음을 피할 곳 ── 342

1장

정견 正見

⋮

현실과 진리를 바르게 이해하라

불타의 출현

사람의 몸으로 태어나기가 어려우며
또한 명대로 살기도 어려우며
또한 정법正法의 가르침을 받기는 더욱 어렵다.
그러므로 불타의 출현은 참으로 위대한 일이다.

′ 우리 삶은 때때로 평범하게 느껴지지만, 사실 이 삶 자체가 기적에 가깝다. 불교에서는 '사람의 몸을 얻는 것' 자체가 하늘에서 바늘구멍을 실로 꿰는 것보다도 어렵다고 한다. 이 말은, 지금 우리가 사람으로 살아가고 있다는 사실이 이미 놀라운 축복이라는 의미이다. 더 나아가, 인간으로 태어났다고 해도, 제대로 살아가는 것은 또 다른 문제이다. 질병, 재난, 사고, 탐욕과 분노 등 삶에는 수많은 위험과 유혹이 도사

리고 있다. 그 모든 것을 이겨내고 자신의 명대로 살아가는 것조차 쉽지 않다는 것을 일상에서 늘 절감한다.

그리고 그 속에서도 가장 얻기 어려운 것은, 바로 '정법正法', 즉 진리의 가르침을 만나는 일이다. 많은 사람들이 살아가지만, 진정한 지혜의 말, 마음을 밝히는 법法을 듣고, 그것을 따르며 사는 사람은 극히 드물다. 정법은 마음의 등불이며, 삶을 바르게 이끄는 나침반과 같다. 그리고 이 정법은 아무 때나 만날 수 있는 것이 아니다. 부처님의 출현이야말로 이 세상에서 가장 위대한 사건인 이유도 여기에 있다.

부처님은 삶의 진실을 꿰뚫고, 그 길을 자비롭게 펼쳐 보이신 분이다. 그런 분의 가르침이 이 세상에 존재한다는 사실, 그리고 우리가 그 가르침을 들을 수 있는 시대에 태어났다는 사실은 그 무엇과도 바꿀 수 없는 큰 복이다. 사람으로 태어나 정법을 만나고, 그 가르침을 따를 수 있는 지금, 우리는 그 무엇보다도 소중한 인연을 살고 있는 것이다.

이 구절은 불교에서 매우 깊은 뜻을 지닌 말씀으로, 인생의 귀중함과 부처님 가르침의 소중함을 일깨워 준다.

제행무상 諸行無常

한 번 탄생한 것은 반드시 다 변하며 끝내 사라지고 만다.
이 실상實相의 진실을 보고 깨달은 사람은
일체의 괴로움조차 능히 떨쳐 버린다.
이것이 청정淸淨에 이르는 올바른 길이다.

′ 이 세상에 태어난 모든 것은 언젠가 반드시 변하고, 끝내는 사라진다. 꽃은 피고 지며, 젊음은 늙음으로, 사랑은 이별로, 생명은 죽음으로 옮겨 간다. 이러한 변화를 피할 수 있는 존재는 아무도 없다. 이것이 불교에서 말하는 '제행무상' 곧 모든 존재는 변한다는 진리이다.
 그렇다면 이 변화를 꿰뚫어 보는 사람은 어떤 깨달음을 얻게 될까? 무상함을 깊이 이해하면, 우리는 더 이상 변화를 두려워하지 않게 된다. 사라지는 것에 집착하지 않고, 떠나는 것에 매달리지 않게 되며, 삶의 고통조차 담담히 바라볼 수 있게 된다. 왜냐하면, 그것이 세상의 본래 모습임을 알기 때문이다.

'한 번 탄생한 것은 반드시 사라진다'는 이 단순한 진리를 제대로 이해한 사람은 인생의 모든 아픔과 괴로움이 실은 지나가는 구름과 같다는 것을 알게 된다. 기쁨에 취하지 않고, 슬픔에 무너지지 않으며, 마음은 점점 맑아지고 고요해진다. 이러한 통찰이 바로 청정淸淨의 길, 즉 욕망과 집착을 벗어나 진정한 평화에 이르는 올바른 수행의 길인 것이다.

진리는 결코 멀리 있지 않다. 무상無常을 직시하는 순간, 우리는 고통을 넘어서는 지혜의 문턱에 서게 된다. 이 구절은 불교의 핵심 진리인 무상無常의 법칙을 전제로, 괴로움에서 벗어나는 지혜의 길을 제시한다.

나의 고삐는 나의 것

자기야말로 자신의 주인이며
자기야말로 자신에게 돌아가 의지할 곳.
그러므로 너의 고삐는 너가 스스로 잡아라.
마치 말 주인이 말의 고삐를 잡듯이.

╱ 인생은 마치 빠르게 달리는 말과 같다. 욕망과 감정, 환경과 유혹이란 길 위에서 우리는 매 순간 어디로 가야 할지를 결정해야 한다. 이때 꼭 필요한 것이 바로 고삐이다. 고삐는 말이 엉뚱한 길로 가지 않도록 방향을 조절해주는 도구이다. 그리고 그 고삐를 쥐고 있는 사람은 다름 아닌 자신이어야 한다.

여기에서 '자기의 고삐는 자기 것'이라는 말은 자기 마음과 행동을 다스릴 권한도 책임도 오직 자신에게 있다는 것을 뜻한다. 우리는 때로 타인을 탓하고 환경을 탓하며, 삶의 방향을 외부에 맡기고 싶어지기도 하지만, 결국 우리를 좋은 길로 이끌 수 있는 사람은 바로 자기 자신뿐이다. 그렇기 때문에 '자기야말로 자신의 주인이며, 자기야말로 자신에게 돌아가 의지할 품'인 것이다. 누군가의 칭찬이나 비난에 휘둘리지 않고, 내면의 중심을 붙잡고 살아갈 때 우리는 삶의 진정한 주인이 된다. 마치 말을 잘 타는 사람이 고삐를 단단히 쥐고 흔들림 없이 나아가듯, 우리도 마음의 고삐를 스스로 잡고 있어야 한다. 즉 자기 자신을 통제할 수 있는 사람, 그 사람이야말로 진정 자유로운 존재인 것이다.

이 구절은 자기 자신을 다스릴 책임과 주체성을 강조하는 불교적 가르침이다.

일체개고 一切皆苦

인연의 화합으로 빚어지는 모든 것은 괴로움이다.
이 실상의 진실을 보고 깨달은 사람은
일체의 괴로움조차 기꺼이 염리厭離하나니
이것이 청정에 이르는 두 번째 올바른 길이다.

′ 우리는 세상을 살아가는 동안, 수많은 인연과 관계 속에 얽혀 살아간다. 사람을 만나고 사랑하며, 꿈을 꾸고 그것을 이루려 애쓴다. 그리고 때로는 소중한 것을 얻고, 때로는 잃기도 한다. 하지만 그 모든 순간은 겉으로는 화려해 보여도, 내면 어딘가에는 언제나 고요한 괴로움의 그림자가 드리워져 있다.

불교에서는 이런 삶의 현상들 즉, 생로병사, 만남과 헤어짐, 희로애락 등 모두가 본질적으로 괴로움이라고 가르친다. 그 이유는 모든 것이 무상하며, 끊임없이 변화하기 때문이다. 무엇 하나 붙잡을 수 없는 것이 이 세상의 진리인 것이다. 처음에는 이 가르침이 너무 냉정하고 비관적으로 느껴질지도 모른다. 그러나 '괴로움'이라는 말속에는 놀라운 통찰이 숨어 있다. 그것은 현실을 있는 그대로 직시하는 용기이며 진정한 자유와 평화를 향한 첫걸음이기도 하다.

괴로움의 실상을 온전히 보고, 그 안에 담긴 무상함과 덧없음을 깊이 깨달은 사람은 더 이상 헛된 집착에 얽매이지 않는다. 오히려 그는 기꺼이 내려놓을 줄 알고, 떠나보내는 마음을 배운다. 세상의 즐거움조차 결국 괴로움으로 이어진다는 진실을 알기 때문이다.

이러한 통찰은 냉소나 무관심에서 비롯된 것이 아니다. 오히려 더 깊은 지혜와 더 넓은 자비의 바탕 위에서 우리가 어디로 가야 하는지 분명히 알려주는 이정표다. 이것이 바로 '청정淸淨에 이르는 두 번째 바른길' 즉 '일체개고一切皆苦'이며, 세상의 허상에서 벗어나고자 하는 수행자의 굳건한 의지와 그 마음이 깃든 길이다. 괴로움을 알고, 괴로움을 떠나는 그 길 끝에서야 우리는 참된 평화와 자유를 만날 수 있다.

제법무아 諸法無我

모든 살아 있는 존재에는 그 실체實體가 없다.
이 실상의 진실을 보고 깨달은 사람은
일체의 괴로움을 여의게 되니
또한 이것이 청정에 이르는 세 번째 올바른 길이다.

우리는 누구나 살아가면서 '나'라는 존재를 중심에 둔다. 나의 감정, 나의 생각, 나의 몸, 나의 소유물, 그리고 나의 삶. 모든 경험은 '나'를 기준으로 해석되고, 세상은 그 중심을 기준으로 움직이는 듯하다. 그런데 과연 '나'라고 부르는 이 존재는 실체가 있을까?
불교는 여기에 단호하게 답한다.
'실체는 없다.'

우리가 '나'라고 믿는 존재는 단지 오온五蘊, 즉 몸(색:色), 느낌(수:受), 인식(상:想), 의지(행:行), 의식(식:識)에 잠시 머무는 결합일 뿐이다. 그것은 고정되지 않고, 매 순간 변하며 흘러간다. 그러니 그 어디에도 붙잡을 수 있는 '실체로서의 나'는 없다.

이러한 '제법무아諸法無我', 즉, 모든 법에는 '나'라는 고정된 실체가 없다는 진실을 마음 깊이 이해하고 나면, 세상이 전혀 다른 빛으로 보이기 시작한다. 사실은 '내 것', '내 사람', '내 삶'이라 믿고 집착하던 것들이 한순간 스쳐 가는 인연일 뿐임을 알게 된다. 더 이상 움켜쥘 것도, 잃을 것도 없다는 해방감이 밀려온다. 그 순간부터 괴로움은 점점 힘을 잃고 사라지기 시작한다.

이 무아의 통찰은 단지 철학적 개념에 머무르지 않는다. 그것은 우리 삶에서 겪는 상처와 슬픔, 두려움의 뿌리를 근본에서부터 흔들어 버리는 위대한 자유의 문이다. 무언가를 잃었을 때도, 잃은 것이 없으며, 무언가를 얻었을 때도, 그것은 오래 머물지 않는 인연임을 안다. 바로 이것이 청정淸淨에 이르는 세 번째 길, '제법무아'의 가르침이다.

성스러운 수행자

어머니가 살아계신 세상과
아버지가 살아계신 세상은 큰 기쁨이다.
이와 같이 수행자修行者가 있는 세상은 큰 기쁨이요,
성스러운 수행자가 있는 세상은 아주 큰 기쁨이다.

′ 우리는 누구나 이 세상에 태어났을 때, 어머니와 아버지의 품 안에서 첫 숨을 쉬었다. 그분들의 따뜻한 사랑, 묵묵한 보호, 그리고 말없는 희생이 있었기에 우리는 이 험난한 세상을 살아갈 수 있었다. 어머니의 품은 언제나 우리의 상처를 어루만져 주었고, 아버지의 어깨는 말없이 등을 내어주며 우리에게 삶의 무게를 버틸 용기를 주었다. 이처럼 부모님의 존재는 단순한 가족을 넘어, 우리 삶의 근본이자 가장 큰 기

쁨의 원천이다.

그렇다면, 수행자가 존재하는 세상은 어떠할까? 수행자는 자신의 내면을 끊임없이 닦으며, 깨달음이라는 빛을 향해 한 걸음 한 걸음 걸어가는 사람이다. 세상의 소란과 유혹 속에서도 마음을 흐트러뜨리지 않고, 고요한 등불처럼 존재하는 그들은 우리가 잊고 있던 진리와 평화의 방향을 일깨워 준다. 더 나아가, 성스러운 수행자가 존재하는 세상은 더욱 큰 축복이다.

그들은 말과 행동이 다르지 않으며, 자비와 지혜를 삶 속에서 실천하는 진정한 스승이다. 그들의 발자취는 이 땅 위에 희망의 씨앗을 뿌리고, 그들의 침묵은 오히려 가장 깊은 진실을 들려준다. 그들이 존재하는 곳은 단순히 사람이 사는 공간을 넘어, 깨달음과 자비가 흐르는 거룩한 삶의 터전이 된다.

어머니와 아버지가 주는 삶의 기쁨이 깊고 따스하듯, 수행자와 성스러운 수행자가 있는 세상 또한 우리에게 더할 나위 없는 평화와 희망을 안겨 준다. 그들은 우리 내면의 길잡이이며, 세상을 맑게 하고 마음을 밝게 하는 존재이다.

세상은 혼란하고 늘 변하지만, 어머니의 손길과 아버지의 묵묵함, 그리고 수행자의 고요한 발걸음은 언제나 변함없는 진실로 우리 곁에 남는다. 이들이 있어, 우리는 비로소 살아가는 것 이상의 의미를 조용히, 그러나 분명히 발견하게 된다.

그러므로 이 글은 어머니, 아버지와 수행자의 소중함을 연결해 우리 삶에 진정한 기쁨과 의미를 선사하는 존재들에 대해 깊이 생각하게 한다.

욕망의 뿌리

베푸는 것 중에 가장 큰 것은 법보시法布施,
맛을 느끼는 것 중에 가장 큰 것은 법열法悅.
욕망을 뿌리 뽑아 괴로움을 여의는 것도 가장 큰 기쁨.

삶을 살아가다 보면 우리는 수많은 욕망과 갈애渴愛에 휘둘린다. 그것들은 마치 파도처럼 끊임없이 밀려오며, 우리 마음에 흔들림과 괴로움을 만들어낸다. 처음엔 그것들이 삶의 원동력처럼 느껴질지도 모른다. 하지만 갈수록 우리는 그 욕망이 우리를 속박하고 있다는 사실을 마주하게 된다. 그래서 욕망을 뿌리 뽑는다는 말은 단순한 금욕이 아니라, 오히려 진정한 자유와 평화를 얻는 길을 의미한다.

세상에는 많은 나눔이 있지만, 그 가운데 가장 위대한 나눔은 '법보시法布施'이다. 즉 진리와 지혜, 깨달음의 가르침을 나누는 일이다. 물질은 순간을 채우지만, 지혜는 마음을 밝히고 삶의 방향을 바꾼다. 그렇기에 '법보시'는 단순한 자선이 아니라, 한 존재의 어둠에 작은 등불을 켜 주는 심오한 자비의 실천이다.

또한 우리가 느낄 수 있는 가장 깊은 '맛'은 바로 '법열法悅'이다. 이것은 혀끝의 쾌락이나 감각의 만족이 아니라, 진리를 깨달았을 때 내면 깊은 곳에서 피어나는 고요한 기쁨이다. 세상의 즐거움이 순간의 흥분이라면, 법열은 시간을 넘어서는 존재의 평화이다. 욕망을 넘어선 자만이 느낄 수 있는 맑고도 밝은 기쁨, 그것이 바로 '법열'이다. 그리고 마지막으로, 욕망의 뿌리를 뽑아 괴로움을 여의는 그 상태야말로 인간이 누릴 수 있는 가장 큰 기쁨이다. 욕망이 사라진 마음은 더 이상 이리저리 끌려다니지 않고, 자연처럼 고요하고, 하늘처럼 탁 트인다. 그때 우리는 비로소 자유롭고 평화로운 진정한 삶의 본질을 만나게 된다.

욕망을 넘어서고, 지혜를 나누고, 진리를 맛보며 살아가는 삶. 이것이야말로 인간 존재가 누릴 수 있는 가장 깊고 순수한 기쁨의 길이다. 이러한 깨달음의 길 위에서, 우리는 삶의 본모습과 진정한 의미를 비로소 이해하게 된다.

부처님을 항상 섬겨라

여래의 성제자들은
언제나 높고 철저하게 깨달아 있고
그들의 낮과 밤은
항상 부처님을 섬긴다.

여래의 성제자들은
언제나 높고 면밀하게 깨어 있고
그 마음의 낮과 밤은
항상 부처님의 가르침을 받고 있다.

여래의 성제자들은
언제나 섬세한 주의력으로
낮이든 밤이든 그 마음은
부처님의 승단을 호위하고 있다.

여래의 성제자들은

언제나 높고 철저하게 깨달아 있고
그들의 낮과 밤은
항상 자기 자신을 되살피고 있다.

여래의 성제자들은
언제나 높고 면밀하게 깨어 있고
낮이건 밤이건 그 마음은
항상 자비심을 가지고 있다.

여래의 성제자들은
자나 깨나 섬세한 주의력으로
낮이건 밤이건 그 마음으로
끝임없이 참선수행하며 즐거워한다.

′ 이 세상에는 진리를 따라 사는 이들이 있다. 그들은 단지 선한 사람이 아니라, 부처님의 가르침을 철저히 따르고, 깊은

깨달음의 경지에 이른 사람들이다. 우리는 이들을 '여래의 성제자(성문성자:聲聞聖者)'라 부른다.

그들은 언제나 마음이 깨어 있으며, 자신을 철저히 돌아보고, 부처님과 그 가르침에 깊이 의지한다. 이들의 삶에 낮과 밤은 단지 시간의 흐름일 뿐, 그들의 의식은 언제나 부처님의 법륜을 따라 움직인다. 무엇보다도, 그들은 참된 깨달음을 지닌 자들이다. 피상적인 이해나 말의 번지르르함이 아닌, 내면 깊이 확고히 체득된 진리가 그들의 존재를 이끈다. 그 깨달음은 그들의 말과 행동, 침묵과 숨결 속에 드러나며, 일상의 모든 순간이 수행의 연속이 된다.

또한 이 성제자들은 늘 깨어 있는 자들이다. 이 깨어 있음은 단순히 정신을 차리고 있다는 뜻이 아니다. 그것은 자신의 마음과 행위를 끊임없이 점검하는 고요한 집중력이며, 번뇌의 흐름을 놓치지 않고 바라볼 수 있는 맑은 주의력이다. 그러기에 그들은 언제나 자비와 지혜를 행할 준비가 되어 있는 존재이다.

이들은 부처님의 승가(僧伽)을 보호하는 이들이기도 하다. 승가는 단순한 집단이 아니라, 깨달음의 전통과 진리를 지탱하는 공동체다. 성제자들은 이 공동체가 올바로 유지되도록 힘을 보태며, 함께 수행하는 도반들을 위해 자신을 내어준다.

무엇보다 중요한 덕목은, 자기 자신을 늘 깊이 살피는 태도다. 그들은 끊임없이 자신의 번뇌와 집착을 들여다보며, 욕망을 씻고 마음을 정화하는 데 주저함이 없다. 그 수행을 통해, 더 맑고 더 깊은 자유로 나아간다.

그리고 성제자들에게 있어 참선 수행은 고통이 아닌 기쁨이다. 수행은 그들에게 짐이 아니라, 진리에 다가가는 기쁜 길이며, 마음의 고요와 환희가 깃든 삶의 방식이다. 낮이든 밤이든 그들은 멈추지 않는다. 깨어 있으면서도 즐거움으로 충만한 삶, 그것이 성제자의 길이다.

이 글은 '여래의 성제자들' 즉, 부처님의 깊은 가르침을 따라 수행하는 이들의 모습을 찬양하며 그 본질과 태도를 여러 면에서 설명하고 있다.

불법을 깨쳐라

불법을 깨치지 못하고 세월이 가면
소가 나이가 드는 것과 진배가 없도다.
겉으로 보면 거저 볼품없이 살만 쪄갈 뿐
그 속에 든 지혜知慧는 조금도 자라지 않네.

'살아간다는 것은 단지 시간이 흐르는 것이 아니다. 그러나 많은 이들이 해마다 나이를 더하면서도, 그 흐름 속에서 무엇을 배우고, 무엇을 깨달아야 하는지를 잊곤 한다.
　불교에서는 그런 삶을 경계하며, 이렇게 말한다. '불법을 배우지 않은 채 세월만 흘러가는 것은, 마치 소가 늙어가는 것과 다르지 않다.'
　이 말은 단순하지만 깊은 의미를 담고 있다. 소는 시간이 지나면 살이 찌고 몸집이 커지지만, 그 안에 지혜나 자각이 자라나는 것은 아니다. 사람도 마찬가지다. 겉으로는 경험이 쌓이고, 사회적 지위나 나이는 늘어가지만 진리의 가르침 없이, 내면의 성찰 없이 살아간다면 그 삶은 결국 껍데기만 성장한 것과 다름없다.

우리는 때로, 나이를 먹는 것만으로 자연스럽게 지혜로워질 거라 착각한다. 하지만 참된 지혜는 시간과 함께 오는 것이 아니라, 깨달음과 함께 오는 것이다. 내면을 들여다보고, 삶의 본질을 성찰할 때야 비로소 우리는 나이라는 외적 숫자 속에 참된 깊이를 채워갈 수 있다.

이 게송은 우리에게 묻고 있다. '당신은 지금 단지 나이만 먹고 있는가, 아니면 진리를 향해 자라고 있는가?'

우리가 불법을 배우고, 삶을 있는 그대로 바라보는 눈을 갖게 될 때 비로소 매해 흘러가는 시간은 허무가 아닌 성장이 되고, 의미 없는 반복이 아닌, 깨어 있는 삶으로 바뀐다.

세월이 흐른다고 삶이 깊어지는 것은 아니다. 그러나 우리가 진리를 배우는 순간, 그 시간은 진짜 삶으로 피어나기 시작한다.

삿된 소견을 버려라

진리는 거짓으로 생각하고
거짓을 오히려 진리라 생각하는
이 삿된 소견을 버리지 못하고서는
끝내 진리의 참된 결실을 얻을 수가 없다.

참된 것은 곧 참된 것임을 알고
거짓을 거짓으로 바로 아는
이 바른 지견知見에 의지하여 나아가게 되면
끝내는 참된 진리를 여실히 깨달을 수 있으리.

ˊ 진리를 향해 나아간다는 것은 단지 어디론가 걷는 일이 아니다. 그 여정의 첫걸음은, 오히려 우리 안에 뿌리 깊게 자

리한 착각과의 싸움에서 시작된다. 우리는 때때로 거짓을 진실이라 믿고, 진실을 의심하며 살아간다. 그것이 바로 마음의 그림자, 삿된 소견邪見이다.

삿된 소견은 마치 어두운 방 안에서 흐릿한 형체를 바라보며 '이것이 진실이다' 라고 단정짓는 것과 같다. 원래 빛이 부족한 그 방에서는 사물의 본모습이 보이지 않는다. 모서리는 둥글게 왜곡되고, 그림자는 본체보다 더 커 보이며, 사실은 사실이 아닌 것처럼 느껴진다. 우리는 그렇게 왜곡된 빛에 속고, 그 왜곡을 진리라 부르며 살아간다.

하지만 수행의 길은 그 어둠을 하나씩 걷어내는 일이다. 불완전한 빛을 벗어나기 위해서는 먼저, 그것이 불완전하다는 사실을 인정해야 한다. 그리고 조금씩 방 안에 빛을 들이기 시작할 때, 사물은 본래의 윤곽을 드러낸다. 거짓은 거짓으로, 참된 것은 참된 것으로 분별되는 눈이 생겨난다. 이것이 바로 바른 견해의 시작이다.

진리는 처음부터 명확히 드러나는 것이 아니다. 그것은 어둠과 착각을 거치며, 무수한 의심과 혼란 속에서 서서히 다듬어지고 마침내 마음속 깊은 곳에서 맺히는 결실이다. 그래서 진리를 찾는 자에게 가장 필요한 것은, 바깥을 향한 눈이 아니라, 자신의 내면을 향해 깨어 있는 눈이다. '나는 지금 무엇을 진실이라 믿고 있는가? 그 믿음은 과연 어디에서 왔는가?

이 물음 앞에 정직하게 서는 순간, 우리는 비로소 진리의 문턱에 다가서게 된다. 삿된 소견을 버리고, 바른 견해를 세우는 일. 그것이 곧 진리로 향하는 첫 번째 문이다. 그 문을 통과할 때, 우리는 더 이상 어둠에 기대지 않는다. 스스로 빛이 되어, 진리의 길을 비추게 된다.

삿된 가르침에 속지 말라

저속하고 삿된 가르침을 따르지 말며
성찰없이 방일放逸하지 말라.
그릇되고 삿된 가르침에 속아
덧없는 세계 속에서 떠돌지 말라.

′ 진리를 찾는 길 위에서 우리는 수많은 유혹과 위험에 맞닥뜨린다. 그중에서도 가장 조심해야 할 것은 '저속하고 삿된 가르침'을 따르는 일이다. 그럴듯해 보이고 쉽게 받아들여질지라도, 본질에서 벗어난 잘못된 가르침은 우리를 혼란에 빠뜨리고 올바른 길에서 벗어나게 만든다. 마치 바람에 휘청이는 나뭇잎처럼, 이런 가르침에 마음이 흔들리는 순간 우리는 진리와 멀어지게 된다.

더욱이 자기 자신을 깊이 돌아보는 성찰 없이 방일하는 태도는 더 큰 위험을 불러온다. '방일'은 자제력을 잃고 마음을 흐트러뜨리는 상태다. 수행자에게 있어 자기 내면을 점검하고 성찰하는 일은 한 치의 흐트러짐도 없이 걸어야 하는 길에서 등불과 같다. 이 등불 없이 무작정 나아가거나 마음을 게으르게 방치한다면, 우리는 점차 길을 잃고 허망한 세계 속을 떠돌게 될 뿐이다.

그릇되고 삿된 가르침에 속아 이리저리 헤매는 모습은 허망한 바다 위에 떠도는 배와 같다. 바다의 파도에 이리저리 휩쓸리듯, 진실이 아닌 허위에 마음이 휘둘리면 우리는 삶의 본질과 목적을 잃고 방황할 수밖에 없다. 그래서 진리를 향한 여정은 늘 깨어 있는 마음과 끊임없는 자기 성찰, 그리고 무엇보다도 바른 가르침을 분별하는 지혜가 필요하다.

결국 이 경계는 우리에게 자신을 지키는 법, 진리의 길을 잃지 않는 법을 일깨워 준다. 진정한 수행은 흔들림 없는 마음으로 자기 내면을 돌아보며, 잘못된 길을 멀리하고 바른 길을 꾸준히 걷는 것에 있다. 그렇게 한 걸음 한 걸음 나아갈 때, 우리는 혼란과 허망함을 넘어 진리의 빛을 마주하게 될 것이다.

청정한 마음

경전의 때는 전하지 않는 것
집안의 때는 방치하고
몸의 때는 게으름이며
파수꾼의 때는 딴전이다.

간통은 배부른 자의 때며
인색함은 보시布施하는 사람의 때다.
이렇듯이 이 세상과 저 세상의 악도惡途는
모두 때에 절어 있네.

그러나 삼계의 모든 때 중에서도
가장 더러운 때가 여기에 있으니
그것은 바로 무명無明이네.
오, 탁발수행자托鉢修行者들이여,
이 때를 씻고서 청정淸淨하라.

우리 삶과 수행의 길에는 여러 가지 '때'가 존재한다. 이 '때'란 비유적으로 우리 내면과 외면에 쌓이는 온갖 오염과 결함을 뜻한다. 경전의 '때'는 가르침이 제대로 전해지지 않는 데서 비롯된다. 진리의 빛이 마음에 닿지 못하고 흐려진다면, 수행은 그 근본부터 흔들릴 수밖에 없다.

　또한 집안의 '때'는 우리가 일상에서 책임을 다하지 않고 방치하는 태도를 말한다. 몸의 '때'는 게으름과 무관심으로 인해 스스로를 돌보지 않는 마음이다. 파수꾼의 '때'는 맡은 바 임무에서 벗어나 딴짓하거나 방심하는 모습을 가리킨다. 이처럼 우리 각자의 위치에서 드러나는 무책임과 나태함 역시 '때'라는 오염으로 비유된다.

　더 나아가, 간통과 인색함 같은 도덕적 결함도 때에 속한다. 탐욕에 사로잡힌 '배부른 자'의 간통, 그리고 베풂의 마음을 잃은 '보시하는 사람'의 인색함은 수행자와 신도 모두가 경계해야 할 내면의 어둠이다.

　이렇듯 이 세상과 저 세상, 윤회의 모든 세계는 번뇌와 어리석음이라는 '때'에 깊이 젖어 있다. 하지만 삼계에 존재하는 모든 때 중에서도 가장 심각하고 근본적인 더러움은 '무명', 즉 근원적인 무지와 어리석음이다. 무명은 진리를 깨닫지 못하게 하고 고통의 뿌리가 되는 마음의 어둠이다.

  탁발수행자들이여, 진정한 수행은 이 무명의 때를 씻어내는 데 있다. 마음의 때를 정화하지 않으면 진정한 청정과 해탈에 이를 수 없다. 외적인 행위나 규율도 중요하지만, 무엇보다도 내면의 근본적인 무지를 깨닫고 없애는 것이 수행의 핵심임을 잊지 말아야 한다.

  우리는 크고 작은 때에 물들어 있지만, 수행과 성찰을 통해 그 때를 깨끗이 씻어내는 길을 걸어야 한다. 그렇게 할 때 비로소 진리의 빛이 마음속에 환히 들어와, 고통과 어둠에서 벗어나 참된 자유와 평화를 누릴 수 있을 것이다.

나의 어리석음을 알라

자기의 어리석음을 스스로 안다면
이미 그만큼은 지혜로운 것
그러나 대부분은 자신을 현명하다고 여기니
이것은 참으로 어리석은 일이다.

˝우리는 자신이 얼마나 현명한 사람인가에 대해 생각해본 적이 있을 것이다. 그런데 진정한 지혜는 자신의 어리석음을 아는 데서 시작된다. 자신의 부족함과 무지를 스스로 인정할 수 있는 사람은 이미 그만큼 지혜로운 길에 들어선 것이다. 이는 마치 어두운 방에서 불을 켜는 것과 같다. 자신의 무지를 모르는 사람은 여전히 어둠 속에 머물지만, 무지를 깨달은 순간부터는 비로소 빛을 향해 나아갈 준비가 된 것이다.

반면, 대부분의 사람들은 자신이 현명하다고 여기며 살아간다. 자신이 옳고, 잘 알고 있다고 믿는 이 마음이야말로 진정한 어리석음이다. 자신을 현명하다고 착각하는 순간, 성찰의 문은 닫히고 새로운 배움과 성장의 기회는 사라진다. 오만함은 마음을 굳게 만들고, 진리와 진실을 받아들이는 것을 방해한다.

이러한 이유로 자기 인식과 겸손은 지혜의 핵심이다. 자신의 한계를 인정하고 부족함을 받아들이는 용기야말로 참된 깨달음의 출발점이다. 우리가 해야 할 일은 스스로를 객관적으로 바라보고, 때로는 자신의 잘못과 무지를 솔직히 마주하는 것이다. 그 길 위에서 우리는 비로소 진정한 지혜와 자유에 이를 수 있다.

금기 禁忌

금지하지 않아도 될 것은 금지해야 한다고 여기고
진정으로 금지해야 할 것을 금지하지 않는 사람들은
이 같은 삿된 자신의 견해에 사로잡혀
낮고 고통스런 세계로 떨어질 뿐이다.

금해야 할 것은 금할 줄을 알며
금해도 되지 않을 것에는 묶이지 않는
이와 같은 올바른 견해를 가진 사람들은
죽어도 좋은 세계에 들어갈 수 있으리라.

˝삶을 살아가면서 우리는 수많은 규칙과 금지사항을 마주한다. 그러나 중요한 것은 이 모든 금지들이 무조건적인

것이 아니라는 점이다. 때로는 금지하지 않아도 될 것까지 지나치게 금지하고, 반대로 진정으로 금지해야 할 중요한 것들은 간과하는 경우가 있다. 이러한 잘못된 판단은 우리를 어둡고 고통스러운 세계로 이끌 뿐이다.

불필요한 금지는 마음을 옥죄고 자유를 빼앗는다. 마치 자신에게 씌워진 족쇄처럼, 쓸데없는 제한들은 삶의 활력을 꺾고 무거운 짐으로 다가온다. 반면에 정말로 금지해야 할 것들을 외면하거나 무시하는 태도는 더 깊은 문제를 낳는다. 그것은 우리를 진정한 깨달음과 평화에서 멀어지게 하고, 고통의 세계로 떨어뜨린다.

그러나 지혜로운 사람은 금해야 할 것은 분명히 알고 실천한다. 그러나 금하지 않아도 되는 것에는 얽매이지 않고 자유로이 살아간다. 이처럼 균형 잡힌 분별력과 올바른 마음가짐은 우리를 좋은 세계, 곧 평화롭고 청정한 상태로 이끈다.

삶의 진정한 길은 지나친 엄격함이나 무책임함 사이에서 올바른 중심을 잡는 데 있다. 그 중심은 무엇을 금지해야 하고, 무엇을 허용해야 하는지를 정확히 아는 지혜에서 나온다. 그 지혜는 우리를 고통에서 벗어나 자유와 깨달음의 세계로 이끌어준다.

이 구절은 '금지'에 대한 올바른 판단과 견해를 강조하며,

잘못된 생각이 가져오는 결과와 올바른 태도가 가져다주는 결과를 대비해서 설명하고 있다.

겉만 꾸미지 말라

어리석은 자들이여, 그 머리의 행색이 다 무엇이냐.
그럴듯한 사슴의 가죽옷을 둘렀음에도 불구하고
네 속은 번뇌의 밀림과 같으니
겉으로만 그럴듯하게 꾸몄을 따름이다.

'우리는 흔히 사람을 평가할 때 외모나 첫인상에 큰 비중을 둔다. 머리 모양, 옷차림, 말투 등 겉으로 드러나는 모습은 타인의 시선을 끌고, 때로는 그 사람이 전부인 듯 착각하게 만들기도 한다. 하지만 '겉만 꾸미지 말라'는 간결한 말씀은 이런 세태를 날카롭게 비판하며, 진정한 가치가 어디에 있는지 근본적인 질문을 던진다.
'어리석은 자들이여, 그 머리의 행색이 다 무엇이냐' 이 구절은 겉치레에만 몰두하는 이들을 향한 따뜻하면서도 날카로운 질책이다. 머리는 지성과 사유를 상징하는 부분인데, 머리 모양과 겉모습만 화려하게 꾸미는 것은 지혜의 본질을 잃은 어리석음이라는 뜻이 '행색이 무엇이냐'고 묻는 것은, 외모에만 집착하는 태도를 한 번쯤 냉철히 돌아보라는 부드러운 촉구이다.

'그럴듯한 사슴의 가죽옷을 둘렀음에도 불구하고'라는 표현은 외모의 아름다움이나 멋짐이 단지 겉치레에 불과함을 상징한다. 사슴 가죽옷은 보기에는 고급스럽지만, 그것만으로 진정한 가치를 담보하지는 않는다. 우리 삶도 마찬가지이다. 아무리 겉모습을 꾸며도 내면이 따르지 않는다면 그것은 허울뿐인 껍데기에 지나지 않는다.

'네 속은 번뇌의 밀림과 같으니' 이 문장은 내면의 혼란과 고통을 강렬한 이미지로 보여준다. 겉으로 아무리 평온하거나 멋져 보여도, 내면에 욕망과 번뇌가 얽힌 밀림이 있다면 결국 외모와 내면 사이에 큰 간극이 있음을 뜻한다. 외형적 허식을 넘어서 내면을 성찰하지 않으면, 우리도 모르게 어리석음과 번뇌에 빠지게 된다는 경고이기도 하다.

마지막으로 '겉으로만 그럴듯하게 꾸몄을 따름이다.'라는 말은 이 모든 허상을 간결하게 정리한다. 아무리 외모를 다듬고 꾸며도, 내면이 진실하지 않고 혼탁하다면 그것은 결국 허영과 자기기만에 불과하다.

이 글이 전하는 메시지는 겉모습에만 치중하지 말고, 자신의 내면을 깊이 들여다보라는 것이다. 진정한 수행과 깨달음, 그리고 성숙한 인간됨은 외적인 형식이나 타인의 시선이 아닌, 내면의 진실과 평화에 달려 있다. 화려한 옷과 단정한 머리 모양이 잠시 사람을 현혹할 수는 있지만, 내면의 번뇌와 어리석음은 감출 수 없다.

오늘날 우리는 외모와 이미지에 더욱 큰 관심을 쏟고 있다. SNS에 비치는 화려한 삶과 포장된 이미지들은 때로 현실과 큰 차이를 만든다. 이런 점에서 '겉만 꾸미지 말라'는 말씀은 더욱 절실하게 다가온다. 자신의 진짜 모습을 마주하고, 내면을 돌보지 않는 삶은 결국 공허할 뿐이다.

이 글을 통해 우리는 자신을 돌아보고, 겉치레에 갇힌 어리석음에서 벗어나 내면의 깊이를 키워나가야 한다는 소중한 깨달음을 얻는다. 겉모습이 아닌 내면의 진실이 존재할 때, 비로소 진정한 아름다움과 평화가 우리에게 찾아올 것이다.

육신의 쾌락

여기에 하얀 뼈다귀가 버려져 있네.
가을 들녘 흉물스럽게 나 뒹구는 박덩이처럼
이 메마른 뼈다귀들에게
무슨 쾌락이 남아 있겠는가.

'뼈다귀는 생명의 흔적이자, 육체가 사라진 뒤 남은 본질적인 구조물이다. 하지만 그 뼈다귀는 더 이상 생명력을 품고 있지 않다. 오히려 하얀 빛깔은 죽음과 공허함을 상징하며, 가을 들녘의 쓸쓸한 풍경 속에 조용히 섞여 있다. 이것은 단순한 자연의 잔해가 아니라, 삶의 무기력함과 황폐함을 상징적으로 드러낸다.

가을 들녘은 한 해의 결실이 끝나고 생명이 점차 움츠러드는 시기다. 그곳에 나뒹구는 박덩이처럼 속이 텅 빈 뼈다귀는, 생명과 활력을 잃은 존재의 초라함과 허무함을 강렬하게 보여준다. 이는 곧 우리 내면의 모습과 닮아 있다. 때로 우리는 삶의 쓴맛과 고통, 무기력 속에서 마치 메마른 뼈다귀처럼 허무와 공허함에 갇히기도 한다.

글 속의 '무슨 쾌락이 남아 있겠는가?'라는 물음은 단순한 질문을 넘어선 의미를 담고 있다. 그것은 삶에서 희망과 기쁨이 사라진 상태, 생명의 기운이 완전히 고갈된 내면을 가리킨다. 즐거움이 사라진 자리에는 깊은 허무와 쓸쓸함이 남고, 그 안에서 우리는 자신의 존재를 되돌아보며 진정한 의미와 가치를 찾아 나서야 한다는 메시지가 전해진다.

이처럼 하얀 뼈다귀의 이미지는 죽음과 소멸의 상징인 동시에, 삶의 무기력과 공허함을 비추는 거울이다. 그것은 우리로 하여금 일상의 번잡함과 겉모습 뒤에 숨겨진 내면의 허망함을 직시하게 한다. 그리고 그 허망함을 넘어 진정한 생명과 기쁨을 되찾는 길을 모색하도록 이끈다.

결국 이 메마른 뼈다귀들은 우리에게 묻는다. 진정한 삶의 기쁨을 느끼기 위해서는 내면의 공허함을 마주하고, 그 너머로 나아가야 한다고. 그렇게 할 때 비로소 삶의 쾌락과 깊은 의미가 다시 피어날 수 있을 것이다.

늙음과 죽음

목동이 채찍을 휘두르며
소떼를 목장 안으로 몰아 들이듯이
늙음과 죽음은 쉬지 않고
마지막 남은 날을 향해 산 자들을 몰아세운다.

˚ 인간의 삶은 어느 순간부터 피할 수 없는 운명과 마주하게 된다. 그것은 바로 늙음과 죽음이다. 이 두 존재는 마치 목동이 채찍을 휘두르며 소떼를 목장 안으로 몰아넣듯, 우리의 삶을 한 걸음 한 걸음 마지막 남은 날을 향해 부드럽게 그러나 끊임없이 이끈다. 우리는 그 거센 힘 앞에서 저항하기 어렵고, 오직 그 길을 따라 묵묵히 걸어갈 수밖에 없다.
목동이 소떼를 다루는 모습은 매우 역동적이다. 채찍을 휘두르는 손길에는 힘과 통제가 담겨 있고, 소떼는 그 힘에 따라 움직이며 결국 목장이 정한 경계 안으로 들어간다. 이 비유는 인간 존재가 늙음과 죽음이라는 절대적인 힘 앞에서 어떻게든 길을 따라갈 수밖에 없음을 생생하게 보여준다. 우리 역시 삶이라는 목장을 벗어날 수 없으며, 늙음과 죽음이라는 채찍에 이끌려 마지막 여정으로 나아간다.

늙음과 죽음은 쉬지 않고 다가온다. 시간은 누구에게나 공평하게 흐르며, 그 누구도 그것을 멈출 수 없다. 이 사실은 때로 무거운 현실로 다가와 우리를 무기력하게 만들기도 한다. 그러나 동시에 이 불가피한 운명을 받아들이는 일은 우리 삶에 대한 깊은 성찰과 각성을 불러일으킨다. '마지막 남은 날'을 향한 여정은 단순히 생의 끝을 의미하는 것이 아니라, 그 과정에서 우리가 어떻게 의미를 찾고 살아가야 하는지를 묻는다.

이처럼 늙음과 죽음이라는 운명은 우리를 몰아세우는 힘이자, 삶의 가치를 다시금 돌아보게 하는 거울이기도 하다. 우리는 그 앞에서 겸허해지고, 매 순간 주어진 삶을 소중히 여기며, 의미 있는 발자취를 남기고자 노력해야 한다. 삶의 끝은 필연적이지만, 그 여정의 의미와 태도는 우리 스스로 선택할 수 있다.

결국 늙음과 죽음이라는 채찍 소리 속에서 우리는 더욱 단단해지고, 자신만의 삶을 진정으로 살아내는 법을 배우게 될 것이다.

2장
정사유 正思惟

:

탐욕과 성냄을 버리고
자비와 이타심을 실천하라

열반

어떤 사람은 죽어서
어머니의 자궁 속으로 되돌아가고
악한 사람은 고통 속의 지옥에 가지만
착한 사람은 즐거움과 복이 많은 극락에 가고
과거, 현재, 미래세에 대한 갈망에서
벗어난 사람은 열반에 든다.

′누구나 사람은 어머니의 자궁 속에서 태어나서 '한 생'을 살다가 죽는다. 그러나 그 '생'의 짧음과 김에 관해서는 아무도 모른다. 다만, 살아 있는 동안 착한 업業을 많이 지은 사람은 인간으로 다시 태어나거나 죽은 뒤에 극락으로 가고, 죄를 많이 지은 사람은 지옥에 간다. 이것이 바로 불교의 윤

회 사상이다. 그런데 이러한 윤회 사상 또한 내세에 대한 갈망으로 인해 스스로 큰 고통을 받기에 그 윤회의 사슬마저 끊으라고 한다. 그래서 석가모니 부처님과 같은 위대한 성자들은 과거, 현세, 내세에 대한 집착을 끊고 깨달음을 얻어 더는 윤회를 겪지 않는 세계에 들어서기를 원했다. 이것이 바로 불교에서 말하는 진정한 열반의 경지이다.

나는 소중한 존재

아름다운 꽃이 많이 있는 곳이어야
비로소 예쁜 꽃다발을 만들 수 있네.
인간의 몸으로 태어난 이 소중한 생애生涯
착한 업을 많이 쌓아야 하리.

＇대자연 속에는 짐승과 꽃과 나무와 인간이 더불어 살아가고 있다. 짐승들은 대개 오직 먹는 욕망에만 집착하지만, 인간은 어떻게 생을 살 것인가를 고민하는 우월한 존재이다. 만약, 사람이 짐승과 똑같이 먹고 욕망의 배설에만 집착한다면 짐승일 뿐이다. 그런데도 사람들은 자신이 인간의 몸을 받고 태어난 소중한 존재라는 것을 망각하고 악업을 일삼고 있다. 본래 인간의 본성에는 선함과 악함이 없다. 그러나 자

라면서 탐진치 삼독으로 인해 악함이 생겨난다. 결국 이러한 행동은 스스로 고통을 만들어 지옥에 빠질 뿐이다. 고통과 슬픔은 누가 만드는 것이 아니라 자신이 만든 것임을 알아야 한다.

그렇기에 예쁜 꽃다발을 만들려면 아름다운 꽃이 있어야 하듯 즐겁고 행복한 삶을 누리려면 평소에 착한 말, 착한 행동, 착한 마음으로 선업을 지속적으로 많이 쌓아야 한다. 그러므로 시냇물이 모여 강이 되듯이 작은 선행이 모여 큰 공덕을 이루어 깨달음으로 나아갈 수 있다.

정법正法

성냄은 넉넉한 자비심慈悲心으로 녹여야 하며
악함은 선으로 이겨야 하며
베풂으로 인색함을 떨쳐야 하며
정법正法으로 잘못된 것을 이겨내야 한다.

 불교에서는 '욕망'과 '성냄' '어리석음'을 '탐진치' 삼독이라고 부른다. 오죽 그 병폐가 심하면 이 세 가지를 뱀의 독성에 비유했겠는가. 그런데 이 중에서도 특히 경계해야 할 것이 있는데 바로 '성냄'이다. 한순간을 참지 못해 평생 돌이킬 수 없는 큰 죄를 짓게 만드는 원인을 제공하기도 한다.

인간은 누구나 마음속에 '성냄'을 지니고 있다. 그렇다고 무조건 '성냄'을 참는다고 해소되는 것이 아니다. 그렇다면 이러한 '성냄'를 이겨낼 수 있는 적절한 방법은 없을까? 남을 이해하고 용서하고 사랑하는 마음, 즉 자비심을 키워야 한다. 그리고 자비심을 바탕으로 몸속의 '성냄'을 녹이는 것이 가장 빠른 길이다.

  본디 선이란 것은 인색함이 없어 악을 없앤다. 열심히 선을 실천해 자비심을 키우면 마음속에 선함이 생기고 어진 심성이 생긴다. 만약, 당신이 이러한 정법의 가르침을 제대로 실천한다면 깨달음을 얻어 일상의 평온함을 얻을 수가 있게 될 것이다.

죄罪에 관하여

죄를 짓고서 스스로 괴로움에 빠진다.
죄를 뉘우치고 스스로 깨끗해진다.
깨끗함과 죄에 물든 것은
오직 자기 자신에게 달린 것인데
누가 누구의 죄를 벗게 해 준단 말인가.

′ 불교가 타종교보다 우수한 것은 자신의 업에 대한 자기 책임 원리를 강조한다는 데에 있다. 다시 말해 자신이 죄를 지으면 나쁜 과보를 받고 선한 일을 하면 좋은 과보를 받는다는 '인과법'을 원천으로 하고 있다. 이것은 과학의 '질량보존의 법칙'과도 일맥상통한다. 자신이 죄지은 만큼 반드시 그 벌의 대가가 언젠가는 되돌아간다는 사실이다.

그렇다면 지은 죄는 영원히 소멸하지 않는 것일까? 그렇지는 않다. 죄를 짓고 난 뒤 진실한 참회를 통해 소멸시킬 수 있지만 그 답은 오직 자신만이 가지고 있다는 사실이다. 그렇지 않고 말로만 뉘우치고 진정한 참회를 수반하지 않는다면 오히려 더 깊은 괴로움에 빠질 수가 있다.

이렇듯 죄와 깨끗함에 물든 것은 오직 자기 자신에게 달린 것일 뿐, 결국엔 자신의 선택과 행동에 따라 결정될 수밖에 없다. 중요한 건 진정한 참회를 통한 자기 '정화의식'이다. 자신이 지은 죄를 누가 대신 씻어주지 못하듯이 자신만이 참회를 통해 깨끗함을 만든다는 사실을 깨달아야 한다.

허물

쇠붙이에서 생긴 녹이
쇠를 상하게 하듯이
허물은 만든 사람에게서 일어나
도리어 그 사람을 좀 먹게 한다.

′ 쇠가 녹이 슬고 부식이 되는 것은 쇠가 가지고 있는 고유의 성질 때문이다. 이처럼 사람도 자신이 만든 허물로 인해 자신을 해칠 수 있다. 본디 사람은 부처의 본성을 가지고 태어나지만, 세상을 살면서 생긴 욕심으로 인해 남에게 악행을 저지르는 어리석은 행동을 범하게 된다.
　마치 쇠가 자신의 성질 때문에 부식되듯이 사람도 자신의 잘못된 행동으로 인해 스스로 무너지게 되는 것이다. 그러나 자신의 잘못된 행동으로 인해 생긴 허물은 누구의 탓도 아닌 오직 자신의 문제이므로 수행을 통한 진정한 참회가 필요하다.

사람은 누구나 욕심을 조금씩은 가지고 있다. 다만 이것을 경계하여 잘 조절하는 습관을 지녀 선한 삶을 살도록 스스로 노력해야 한다. 우리 속담에도 '죄는 지은 대로 가고 공은 공대로 간다'는 말이 있다. 그처럼 허물을 만든 사람은 반드시 그 허물을 스스로 받는다.

업보業報

내가 지은 죄는
모두 다시 내가 거두느니
나의 악행은 되돌아와
내가 가진 복과 덕을 부순다.
마치 강한 다이아몬드가
다른 보석을 깎듯이.

′ 업業. Karma은 불교의 가르침 중 가장 중요한 개념의 하나로써 누구나 말과 행동 생각으로 삼업三業을 짓는다. 특히 이 업의 가르침이 강조되는 것은 '인과법'의 원리를 담고 있기 때문이다. 내가 착한 일을 하면 선업이 많이 쌓이게 되어 복과 행복을 얻게 되고, 반대로 악한 일을 많이 하면 악업이 쌓

여 고통과 불행을 겪는다. 그리고 그 업의 과보는 다이아몬드처럼 강해 다른 보석을 깎듯이 반드시 자신에게로 되돌아온다는 사실이다. 어떠한 경우에라도 사람에게 악행을 저지르지 말아야 한다.

업보에도 죄를 지으면 현생에 받는 현생보現生報가 있고 다음 생에 받는 내생보來生報, 여러 생을 거쳐서 받는 후생보後生報 등이 있다. 그렇다면 업보를 없애는 방법은 없을까? 누구나 업보는 운명이라고 생각하기 쉽지만, 피할 수 없는 것이 아니다. 얼마든지 선한 일과 바른 수행을 통해 변화시킬 수 있다. 따라서 사람은 악업을 짓지 않도록 항상 말과 행동, 마음을 바르게 다스려야 한다.

행복

자신의 행복을 찾는 과정에서도
다른 사람의 행복을 깨뜨리지 않는 사람은
반드시 행복을 찾을 수 있게 되리라.

′ 우리는 누구나 행복을 꿈꾸며 살아간다. 더 나은 삶을 위해 노력하고 목표를 향해 나아가는 것은 인간의 자연스러운 본능이다. 하지만 그 과정에서 경쟁이라는 이름으로, 혹은 무심한 말과 행동으로 타인의 마음을 다치게 하거나 그들의 행복을 해치는 일이 종종 벌어진다. 나의 이익이나 욕망을 위해 누군가의 자리를 빼앗거나, 상대의 감정을 무시하는 일은 결국 관계를 무너뜨리고 자신에게도 깊은 상처를 남긴다.
그러나 진정한 행복은 타인의 고통 위에 세워질 수 없다.

행복은 고립된 감정이 아니라, 함께 어우러지는 관계 속에서 피어나는 꽃과 같다. 내가 웃기 위해 누군가가 울게 된다면, 그 웃음은 오래가지 못한다. 오히려 타인의 미소를 지켜주는 사람이야말로 진짜 행복에 가까운 사람이다.

　우리는 모두 관계의 그물망 속에서 살아간다. 나의 말과 행동은 직접적이든 간접적이든 누군가에게 영향을 미친다. 그러므로 지혜로운 사람은 자신의 행복만을 생각하지 않고, 그것이 타인에게 어떤 영향을 주는지도 함께 고려한다.

　욕심을 절제하고 배려와 공존을 택한 사람은 시간이 지날수록 더 큰 신뢰와 평화를 얻게 된다. 내가 조금 양보함으로써 누군가가 미소 지을 수 있다면, 그것은 나라는 존재가 더 깊고 따뜻해진다는 의미다. 결국, 진짜 행복은 '내가 중심이 되는 삶'이 아니라 '함께 웃을 수 있는 삶'에서 비롯된다.

　그러므로 행복을 찾으려 애쓰기보다, 타인의 행복을 지켜주는 삶 속에서 우리는 어느새 '행복 그 자체'가 되어 있을 것이다.

입을 조심하라

혀끝의 화를 다스려라.
입을 단속하라.
말로 빚어지는 죄업을 없애라.
그대 입으로 착한 업을 쌓으라.

′ 말은 인간관계에서 매우 중요한 소통 수단이다. 겨우 세 치에 불과한 혀가 분노를 양산하는 '분화구'라고 말한다면 지나친 표현일까? 오죽하면 불교 경전에 '입안에 도끼가 있다'고 까지 말했겠는가. 순간의 화를 참지 못하고 내뱉은 말은 자신이 쌓아온 명예와 덕을 한순간에 와르르 무너지게 하는 것은 물론, 타인에게도 깊은 상처를 준다는 사실을 명심해야 한다.

요즘 유명 연예인들이 소셜 미디어에서의 악플로 인해 스스로 목숨을 끊는 안타까운 사건들이 자주 발생하는 것도 한 예다. 신원이 드러나지 않는다고 익명의 폭력을 휘두르는 것이 다반사다. 이것만 봐도 말 한마디가 얼마나 큰 폭력성을 가지고 있는가를 단번에 알 수 있다. 하지만 좋고 따뜻한 말은 그 어떤 약보다 훌륭한 치유력을 가지고 있다. 그렇기에 항상 세 치 혀를 조심해야 한다. 좋은 말은 공덕을 쌓는 바른 길이자 최고의 수행이다.

깨끗한 덕성德性

마음에서 일어나는 화를 다스려라.
마음을 다잡고 조심하라.
자신의 감정과 생각, 의지로 짓는 죄업을 떨치고
그대 마음에 깨끗한 덕德을 쌓으라.

˝ 마음은 모든 것의 근원으로 행동과 말, 생각을 통해 결정되는 핵심 요소다. 또한 마음은 한순간도 고정되어 있지 않고 기쁨, 슬픔, 분노, 욕망 등으로 끊임없이 변하기 때문에 무상하다. 그렇기에 수행의 시작은 곧 마음을 잘 다스리는 데에 있다. 그렇다면 어떻게 마음을 다스려야 할까. 집착을 끊어 내고 '있는 그대로' 세상을 바라보는 것이 무엇보다 중요하다.

한 예로 원효 스님의 일화를 들 수 있다. 원효 스님은 당나라로 구법 여행을 가다가 무덤가 옆에서 잠을 청했다. 한밤중에 목이 말라 손을 더듬어 달콤하게 마셨던 물이 아침에 보자 해골에 담긴 물이었다는 것을 알고 구역질이 났다. 그 순간 원효는 모든 것은 마음 하나에 달려있음을 크게 깨닫고 구법 여행을 마치고 다시 신라로 돌아온다. 마음이 세상을 만든다는 것을 깨닫게 된 것이다.

이것이 바로 화엄경의 '일체유심조' 사상이다. 이렇듯이 우리가 보고 듣고 경험하는 것은 모두 마음의 작용이다. 내 마음이 고요하면 세상도 평온해지고 내 마음이 불안하면 삶도 괴로워지므로 내 마음을 잘 다스려야 한다.

지혜로운 사람은

몸을 다스리는 지혜로운 사람
혀끝을 잘 단속하는 지혜로운 사람
마음을 잘 다스리는 지혜로운 사람은
자신의 화를 진정 잘 보호하는 것이다.

′ 만병의 원인은 화에서 비롯된다는 말이 있다. 화는 어떻게 생겨나는가. 대부분 스트레스를 참거나 감정을 억누르는 성향에서 비롯되거나 스트레스를 발산하지 못할 때 발생한다. 불교적인 관점에서 보면 분노와 집착이 화의 원인으로 보고 마음속에 쌓인 불덩이가 몸을 태운다고 지적한다. 그런데 알고 보면 자기 몸과 마음을 다스리지 못해 생긴 분노와 집착, 감정의 억압으로 인해 화가 원인이 되어 병이 생기는

것이다. 그렇다면 화를 없앨 수 있는 방법은 무엇일까? 깊은 호흡과 명상 수행을 통해 자연스럽게 흘려보내면 된다. 이때 가장 좋은 수행 방법은 '방하착'이다. '모든 것은 지나간다'라는 마음으로 분노와 집착 그리고 미움과 증오를 버리고 자비심을 키우면 된다.

또한 부정적인 감정을 버리고 항상 긍정적으로 생각하고 자신을 사랑하는 마음을 지니면 된다. 자신을 사랑하면 분노도 생기지 않고 몸과 정신도 건강해진다. 그러므로 화를 잘 다스리는 사람이 성공도 할 수 있다는 것을 명심하라.

인과법因果法

바로 내가 저지른 극악한 행동이
원수가 바라는 것처럼 나를 죽이게 된다.
제 발밑에서 자란 덩굴에 감겨
마침내 큰 나무가 꼼짝없이 말라 죽어 가듯이.

〝 만약, 나에게 원수가 있다면 그 원수는 싸우지 않고 내가 악행을 저질러 스스로 무너지기를 바랄 것이다. 그처럼 나 자신이 악행을 저지르면 무너질 수밖에 없다. 이를 두고 불교에서는 '업業, Karma'이라고 한다. 착한 일을 하면 좋은 과보를 받지만 악한 일을 하면 좋지 않은 과보를 반드시 받는다. 이를 불교에서는 '선인선과善因善果 악인악과惡因惡果' 즉 '인과법'이라고 한다.

사실 사람들이 잘 모르는 것이 하나 있다. 최대의 적은 타인이 아니라 나 자신이다. 이것은 마치 큰 나무 밑에서 자란 덩굴이 나무를 휘어 감아 죽이는 것처럼 자신이 지은 악행으로 인해 자신이 고통받는 것과 같다.

  살면서 반드시 명심해야 할 것은 나쁜 행동은 그 대가가 반드시 따르는 동시에 자신을 해친다는 것이다. 마음의 행복과 평화를 얻으려면 탐욕과 분노를 잘 다스려야 한다. 이것이야말로 참되게 사는 길이다.

삼독三毒

나에게 어떤 원수가 이렇게 하고
우리들에게 어떤 나쁜 자들이 저렇게 한다.
그렇지만 실로 탐욕, 성냄, 어리석음
이 삼독에 빠진 나의 마음보다
더 큰 해악害惡은 없다.

˝ 대개 사람들은 '나에게 어떤 원수가 나를 고통 속에 빠지게 한다'고 생각하지만, 사실은 모든 번뇌와 고통의 근원은 그 원수 때문이 아니라 나로 인해 발생한다. 즉 외부가 아니라 내부에 있다. 타인과 사회와 환경이 나를 불행하게 만들었다고 생각하는 것처럼 위험한 일은 없다. 진짜 문제는 외부가 아니라 자신에게 있음을 자각해야 한다.

살면서 분수에 맞지 않는 욕심을 가진다거나 사소한 일로 화를 내거나 남을 원망한 적이 있다면 당장 버려야 한다. 원수는 사회와 환경, 그리고 타인이 아니라 이처럼 탐하고 화내고 어리석은 탐진치에 스스로 빠진 나인 것이다.

그러므로 나를 행복하게 이끌려면 삼독을 없애야 한다. 불교의 가르침은 바다처럼 깊고 산처럼 거대한 것이 아니다. 명상과 수행을 통해 마음속에 들끓는 삼독을 지우는데 있다. 중요한 것은 내 마음이다. 나 자신이 바르면 그 어떤 원수도 나를 해치지 못한다.

나만의 행복을 구하지 말라

자신만의 행복을 구하는 것은
어리석음의 극치이다.
이 때문에 다른 이에게
고통을 주는 사람은
자신이 만든 원한의 사슬에 묶여
일생동안 핍박에서 벗어나지 못한다.

˒ 일반적으로 불교는 대승관大乘觀과 소승관小乘觀으로 나누어진다. 부처님 당시에는 소승관인 계율을 중시하고 수행을 통해 개인적 깨달음인 아라한을 추구했지만, 현대불교는 대승관인 중생을 구제하는 보살 사상을 추구한다. 즉 모든 존재가 함께 깨달음을 이루는 자비와 보살행이 중심인 '자리

이타自利利他'에 그 바탕을 두고 있다. 나도 이익이 되고 남도 이익이 되는 보살 정신이다. 대승관의 기본 사상은 보살과 공사상에 있다. 보살은 남을 돕고 사는 화신이며 공은 모든 것은 고정되어 있지 않고 변하며 실체가 없고 오직 연기에 의해 존재하기에 자신에게 집착하지 말라는 것이다. 즉 남이 있으므로 내가 있다는 것이다.

  이 세상에서 가장 어리석은 일은 자신만의 행복을 구하는 것이다. 남이 잘되어야 나도 잘된다. 내가 잘되어야 남도 잘된다. 남을 해치고서 자신이 잘 되는 일은 없다. 설령 그렇게 되더라도 그 원한의 사슬에 스스로 묶여 일생을 고통 속에서 벗어나지 못한다. 그러므로 이기적으로 얻은 행복은 오래가지 못하고 결국 자신을 불행하게 만든다는 사실을 명심해야 한다.

후회 없는 삶

삶이란 끝에 가면 후회뿐인 것을
누군가에게 눈물을 흘리게 한다면
어찌 옳고 착하다고 할 수 있으리.

'삶에 대해 철학자와 성인은 물론 우리 같은 평범한 사람들까지도 끊임없이 많은 질문을 던져 왔지만, 그 누구도 명확한 해답을 주지 못했다. 그러나 석가모니 부처님만은 삶이란 고苦이며 '무상無相'이며 '무아無我'라고 명쾌하게 해답을 던져 주었다.
본디 인간의 '고'는 개인의 욕망과 집착에서 비롯된다. 삶은 원하던 것을 얻어도 금방 싫증이 나고, 원하지 않는 것은 피하려고 해도 피할 수 없다. 영원할 것 같은 청춘도 사랑도 명예도 재물도 '무상'하게 변한다. 또한 나라는 존재도 때가 지나면 사라지기에 실체도 없는 '무아'이다. 이것이 바로 석가모니 부처님의 위대한 설법이다. 그렇기에 후회하는 삶을 살려면 과거에 얽매이지 말고 미래를 걱정하지 말고 '지금 이 순간'을 온전히 사는 것이라고 할 수 있다. 우리는 이 세상을 결코 혼자 살아갈 수 없다. 나라는 존재 또한 부모라는 인연에 의해 태어났다.

   부모라는 존재도 엄밀히 말하면 타인이다. 그러므로 후회 없는 삶을 살아가려면 타인과 더불어 행복하게 사는 것이다. 나로 인해 타인에게 눈물을 흘리게 한다면 그것은 온전한 삶이라 할 수 없다. 원수는 원수를 반드시 낳는다는 것을 명심하라.

보람 있는 삶

시간이 흘러
나의 삶을 돌이켜 보아도
후회가 없고
보람과 기쁨뿐이었다면
이 어찌 착한 일이 아니겠는가.

′ 후회 없는 삶을 사는 방법은 무엇일까? 누구나 실수하고 잘못된 길과 잘못된 일을 선택할 수는 있지만, 그것보다 중요한 건 그런 잘못된 선택을 다시는 하지 않겠다는 참회하는 마음이다. 잘못된 선택임을 뻔히 알면서도 오직 그 길만을 고집한다면 어떻게 되겠는가. 사람이 후회하지 않는 삶을 살 수는 없지만 후회를 줄일 수는 있다.

그 방법은 다음과 같다. 과거에 대한 집착과 미래의 걱정을 덜고 '지금 이 순간'을 소중하게 여기고 최선의 삶을 사는 것, 또한 남에게 해를 끼치지 말고 착한 일을 하는 것, 남을 의식하지 않고 내가 하고 싶은 일을 하는 것, 자신에게 주어진 일을 삶의 일부로 받아들이라는 것, 끝으로 부모님과 친구, 연인을 사랑하라는 것이다.

어느 날 한 의사가 죽음을 앞둔 노인에게 인생에서 가장 큰 후회가 무엇이었냐고 물었더니 주위 사람들에게 사랑을 표현하지 못했던 것이라고 했다. 사랑은 표현이다. 후회하지 않으려면 사랑을 표현하라. 후회하지 않는 삶이란 온전히 지금의 나를 받아들이는 것이다. 그런 삶을 산다면 나날이 보람과 기쁨이 가득해질 것이다.

산다는 것은

세상은 살기 쉬울 지도 모른다.
부끄러움도 모르고 제 잘난 맛에 취하여 살고
하고 싶은 대로 악행을 일삼고
아무에게나 무례하고 야비한 행동을 하는 사람에게는.

그러나 겸허하고 어떤 이익을 떠나 늘 순수함을 추구하며
마음이 고요하고, 허물이 없고, 양식을 가진 사람에게는
이 세상살이는 결코 쉬운 일이 아니다.

ˊ 이 경구는 삶의 태도에 관한 깊은 성찰을 담고 있다. 사람과 동물은 생물학적으로는 유사하지만, 사람은 도덕과 윤리·철학과 종교를 고민하고 이성을 바탕으로 선악을 판단

하는 생각하는 존재이다. 그래서 로댕은 '사람을 생각하는 동물이다'라고 했다.

그러나 이 세상엔 나쁜 짓을 일삼고 제 잘난 맛에 사는 사람들이 의외로 많다. 한편으론 이런 사람들이 세상을 쉽게 살아가는 것처럼 보일지도 모르지만, 그 끝은 외롭고 공허하며 결국 파멸로 가는 것을 우리는 많이 목격한다. 혼자만 사는 세상이 아니다. 그렇기에 이 사회에는 엄격한 규범과 법이 존재하는 것이다. 자신만을 생각하는 사람에겐 살기 쉬운 세상일지도 모르지만, 양심을 지키고 참된 삶을 사는 사람에겐 결코 살아가기가 쉽지 않은 세상이다.

그래도 우리는 옳고 그름을 판단할 줄 아는 정직하고 의식 있는 삶을 살아야 한다. 비록, 오늘 내 삶이 조금 힘들지라도 올바른 길을 가는 것이 행복의 길이자 가치 있는 삶이기 때문이다.

선행善行의 가치

악행은 자신과 남에게 고통을 주지만
저지르기가 쉽고
선행은 모두에게 이익을 던져 주지만
이를 애써 실천하기란 어렵다.

착한 일을 행한 사람도
그 결실이 이루기 전에는 어떤 고초를 겪을 수도 있다.
그러나 인연의 때가 되면
마침내 큰 이익과 행복을 얻으리라.

′ 인류의 역사는 선善과 악惡의 두 가지 흐름 속에서 움직였다. 그런데 우리가 반드시 알아야 하는 사실이 있다. 선악

은 절대적인 개념이 아니라 상대적 개념이라는 것이다. 내가 한 행동이 타인과 사회에 해를 끼친다면 그것은 악이요, 좋은 영향을 끼쳤다면 선이다. 이처럼 선악은 우리의 마음과 행동에서 비롯된다.

그렇다면 사람의 악은 어디에서 나오는가. 자신의 이익만을 생각하는 이기적인 행동에서 쉽게 나온다. 이 같은 행동은 당장 이익은 될 수 있지만, 그에 맞는 고통과 괴로움을 반드시 동반한다. 그렇지만 선은 행하기가 쉽지 않고 이익도 돌아오지 않지만, 나중에 더 큰 결실을 얻는다는 것이다.

이것을 불교적인 관점에서 살펴보면 악은 탐욕, 분노, 어리석음이라는 '탐진치'에서 나오고 그 결과는 후회와 고통뿐이다. 그러나 선은 사랑과 자비, 지혜에서 나오며 그 결과는 평화와 행복, 깨달음을 준다. 사실, 선이란 것은 멀리 있는 것이 아니라 우리 주변에 있다. 길가의 쓰레기를 치우는 것이나 약자를 돕는 것도 선이다. 선은 하나의 씨앗이다. 말하자면 씨앗이 큰 나무가 되듯이 작은 선행이 모여 큰 물결을 이룬다. 결국 선악은 우리의 마음속에서 일어난다. 선을 실천하다가 일시적인 고통을 얻을 수도 있으나 나중에는 큰 이익과 마음의 행복을 얻게 된다.

똑같은 실수를 되풀이하지 말라

이미 나쁜 일을 저질렀음을 깨달았을 때는
두 번 다시 이를 되풀이하지 말라.
나쁜 일 속의 쾌락을 추구하지 말라.
그것이 미래에 불러올
크나큰 괴로움을 뚜렷하게 느껴야 한다.

′ 누구나 살다가 실수나 잘못을 저지를 수는 있다. 그러나 그보다 더 중요한 사실은 자신의 실수나 잘못을 빨리 깨달았다면 그것을 반복하지 말아야 한다. 그런데 어리석은 사람은 자포자기 상태에 빠져 더 나쁜 길로 가는 경향이 많다. 이미 저지른 행위는 과거에 지나지 않고 바꿀 수도 없지만 오늘의 뉘우침이 미래를 바꿀 수 있다는 것이다. 중요한 것은 지금

의 나의 선택이다. 그렇지 않고 실수나 나쁜 일을 반복하면 그 결과는 언젠가 더 큰 고통을 수반한다. 과거의 실수나 잘못에 매이지 말라. 그것은 오히려 자기의 목줄을 더 조여오는 것에 지나지 않는다.

과거의 압박과 후회 속에서 빨리 벗어나 미래를 위해 지금의 자신을 담금질하는 것이 더 중요하다. 과거의 실수와 잘못은 쇠가 강한 불과 차가운 물에 담글수록 더 단단해지듯이 자신의 더 나은 삶을 위한 성공의 밑거름이 된다는 사실을 인식하라. 그렇지 않고 같은 실수를 반복하는 행위는 어리석음의 극치일 뿐이다.

3장

정어正語

⋮

친절하고 진실한 말을 하라

악의 결실 結實

악의 씨앗을 심은 사람이라도
그 악행의 열매가 채 익기 전에 즐거움을 누릴 수 있지만
때가 오면 자기가 심은 악의 과보果報를 면할 길이 없다.

악행의 열매가 무르익을 때
어리석은 사람은 그것을 꿀맛처럼 여긴다.
그러나 기필코 과보의 시간은 닥쳐오고 마느니
그 아픔은 반드시 그의 것이 되고 만다.

′ 악의 씨앗은 나쁜 행동을 가리키고 악의 열매는 그에 대한 업보를 가리킨다. 누구든 나쁜 행위를 했을 때는 처음에는 문제없이 즐거움을 누릴 수 있지만, 시간이 지나면 만천

하에 드러나 악의 열매인 과보를 반드시 받게 된다. 이처럼 악행은 처음에는 꿀맛처럼 달지만, 나중엔 쓰디쓴 고통으로 돌아올 수밖에 없다. 이것은 아무리 높은 지위를 가진 군자이거나 재물이 많은 부자, 심지어 석가모니 부처님 같은 위대한 성자일지라도 그 업보는 피할 수가 없다는 뜻이다.

한때 석가모니 부처님은 전생에 자신이 지은 업으로 인해 고통받았던 적이 있었다. 그때 "자신이 지은 업의 결과는 시간이 지난 후에 반드시 마주하게 되고 스스로 그 업을 풀어야 한다"는 것을 크게 깨달았다. 이를 불교에서는 '정업正業은 난면難免'이라고 한다.

사람은 누구나 살면서 업을 짓는다. 자식이 죄를 지었다고 해서 부모가 대신 벌을 받을 수 없듯이 자신이 지은 업을 다른 사람이 짊어질 수 없다. 결국 자신이 지은 업은 스스로 감당해야 한다. 그러므로 사람이 행복하려면 악의 씨앗보다 선의 씨앗을 많이 심어야 한다.

목마름

마땅히 자신이 해야 할 일은 소홀히 하고
도리어 해서는 안 될 일은 마구하고
이런 무절제하고 사리가 깊지 못한 사람에게는
생사의 목마름은 갈수록 깊어지리.

그러나 예리한 경각심을 가지고
늘 자신의 길을 뒤돌아 살펴서
해서는 안 될 일에는 빠지고
자신이 마땅히 해야 할 일은
굳은 신념을 가지고 지혜롭게 실천하는 사람은
마침내 목마름도 없게 되리라.

ꞌ 삶의 목표가 없는 사람은 순간적인 감정과 욕망에만 이끌려서 먹고 싶은 대로 먹고, 하고 싶은 대로 하고 쾌락만을 쫓아다니다가 욕망의 늪에 빠져 인생을 헛되게 보내는 경향이 많다. 오늘 하루를 무절제하게 산다면 내일도 무절제하게 살 수밖에 없다. 우리가 매일 이런 삶을 산다면 더 큰 고통이 찾아올 수밖에 없다. 결국 이런 사람은 목마름의 갈증도 깊어져 혼란, 후회, 고통만을 불러올 뿐이다. 사람이 자신의 삶을 돌아보지 않는다면 생의 갈증은 깊어질 뿐이다.

이와 달리 삶의 목표가 뚜렷하고 생각이 깊은 사람은 무슨 일을 하든 경각심을 가지고 세심하게 주변을 살피고 자신이 해야 할 일과 하지 말아야 할 일을 스스로 판단한다. 이런 사람은 항상 즐겁고 얼굴에 사랑스러운 미소가 넘친다. 그렇기에 하루를 시작하는 아침에는 자신이 해야 할 일과 해서는 안 될 일을 항상 점검하고 저녁에는 자신의 삶을 뒤돌아보는 지혜가 필요하다. 자신의 삶을 점검하고 지혜의 우물을 파라. 끝없이 지혜의 우물을 파는 사람에겐 목마름도 고통도 없고 마음의 평화가 올 것이다.

악을 피할 때는 단호하라

악을 피할 때는 단호하고
악 앞에서 주춤거리지 말라.
소수의 행상이 금은보화를 옮길 때
주저 없이 위험한 길을 선택하지 않듯이
또 목숨을 건지려는 사람이
급히 몸속의 독을 제거하듯이.

′ 살다 보면 자기 의사와는 상관없이 나쁜 일에 휘말리거나 나쁜 친구를 만나게 되는 일이 종종 생긴다. 그럴 때는 한 치의 주저도 없이 그곳을 빨리 벗어나야 한다. 욕망과 쾌락은 하면 할수록 달콤한 꿀과 같아서 헤어날 수 없기에 애초부터 가까이하지 않는 것이 좋다. 작은 불씨가 큰 숲을 태우

고, 바늘 도둑이 소도둑이 되듯이 작은 악행은 반드시 큰 악행을 불러온다. 처음에는 "이 정도는 괜찮겠지" 싶은 작은 일일지라도 나중엔 점점 커져서 결국엔 돌이킬 수 없는 파멸로 이끌기 때문이다.

 이것은 마치 지혜로운 상인이 금은보화를 옮길 때 안전한 길인가 아닌가를 신중히 판단하여 위험한 길이라고 생각되면 미련 없이 발길을 돌리는 것과 같다. 이것이 훌륭한 사람이 가져야 할 덕목이다. 그런데도 나쁜 길임을 뻔히 알면서도 행하는 것은 마치 잔 속에 독이 들어 있는 것을 알고도 마시는 행위와 다름이 없다. 독의 잔을 마시면 어떻게 되겠는가? 즉시 목숨을 잃는다.

 그렇기에 최선의 방책은 악행이 있는 곳에 처음부터 발을 들이지 않고 머물지 않는 것이다. 그렇지 않고 가까이하거나 주저하면 마음이 쉽게 움직이기 쉬우므로 영원히 벗어나지 못할 수가 있다. 본디 지혜로운 수행자는 애초부터 악의 근처에 가지도 않는다.

착한 일을 실천하라

자신이 선한 일을 했다고 생각되거든
그 선한 일을 계속하고 되풀이하라.
선행을 하는 순간 속에 느끼는 기운氣運이
훗날에는 큰 결실과 기쁨을 깃들게 하리라.

착한 일이라고 생각되면 멈추지 말고 계속 실천하는 것이 좋다. 작은 일일지라도 착한 일을 자주 행하면 할수록 '한 방울의 물이 모여 강이 되듯' 나중에 그것이 쌓여서 큰 힘이 되어 반드시 자신에게 큰 복으로 돌아온다는 사실을 명심하라. 이것은 하늘의 이치이다. 사람이 착한 일을 계속 실천해야 하는 이유는 좋은 기운을 많이 받기 때문이다. 선한 기운은 자신은 물론, 가족과 이웃에게 더 큰 선행을 만들어 이 사회를 아름답게 만든다. 설령, 지금 자신이 힘들게 살고 있더라도 선한 일을 많이 하면 그것이 씨앗이 되어 결국에는 풍성한 열매를 거둔다는 사실을 잊어서는 안 된다. 그렇다고 큰 선행을 하라는 말은 아니다.

  길거리에 떨어진 쓰레기를 줍거나, 힘든 노인을 부축하는 것도 선행이요, 힘든 사람에게 위로의 한마디 말을 건네는 것도 선행이다. 거창하지 않아도 된다. 비록 작은 선행일지라도 진심으로 행하면 그것이 씨앗이 되어 나중엔 이 사회가 행복하게 되는 것이다. 한 번의 선행보다 더 중요한 것은 나 자신이 선한 사람이 되는 것임을 알아야 한다.

  이처럼 착한 일을 많이 실천하면 마음속에 좋은 기운이 감돌고 그것이 쌓여 마침내 큰 복으로 돌아온다는 사실을 명심하라.

작은 악행惡行도 가벼이 여기지 마라

작은 악행도 가벼이 여겨서는 안 된다.
심각하지 않은 허물이
무슨 죄가 될까도 생각해서는 안 된다.
한 방울 한 방울 떨어진 물이
마침내 큰 독을 채우듯이
대수롭지 않게 생각한 허물이
나중에는 벗기 어려운 큰 죄업이 된다.

′ 불교에서의 '경계'란 '색성향미촉법色聲香味觸法'에 의해 내 마음이 머무는 곳이나 의식이 접하는 대상을 가리킨다. 여기에서 색은 눈으로 보는 것, 성은 귀로 듣는 것, 향은 코로 맡는 것, 미는 혀로 맛보는 것, 촉은 몸으로 느끼는 것, 법

은 마음으로 생각하는 것을 말한다. 옛날부터 눈 푸른 선지식들은 이 여섯 가지 '경계境界'를 항상 염두에 두고 치열하게 수행했다. 말하자면 자신에게 다가온 이러한 경계를 어떻게 대하고 소화하느냐에 따라 번뇌에 휩싸일 수 있고 깨달음으로 나아갈 수도 있었기 때문이다.

우리 속담에 배밭 근처에는 가지도 말고 신발 끈도 묶지 말라고 했다. 술이 있는 곳에 가면 술을 마시고 싶고, 색이 있는 곳에 가면 색을 품고 싶고, 재물이 많은 곳에 가면 훔치고 싶어지는 게 인간의 마음이다. 그렇기에 애초부터 악의 근처에는 가지도 말고 자신의 마음을 잘 다스려야 한다.

이렇듯 수행자가 육경六境에서 일어나는 사소한 경계에 끌리면 없었던 괴로움도 생기기에 작은 악행도 가볍게 여기지 말라는 것이다. 또한 자기 생각에 전혀 허물이 될 것 같지 않은 작은 허물도 남들이 보기에는 큰 허물로 보일 수 있다. 한 방울 한 방울 떨어진 물이 큰독을 채우듯이 나중에는 경계의 이탈로 인해 벗기 힘든 큰 죄업이 되는 것이다.

나쁜 일은 멀리하라

절대로 나쁜 일은 하지 말고 그냥 지나가라.
그렇지 않으면 언젠가 후회가 따르리라.
해야 할 일은 반드시 하는 것이 좋다.
그래야만 뉘우침이 없고 후회가 없다.

'나'라는 존재는 '안이비설신의眼耳鼻舌身意' 즉 '눈 귀 코 혀 몸 마음' 등 육근六根으로 이루어져 있고 이것에 의해 우리는 보고, 듣고, 맡고, 먹고, 느끼고, 생각한다. 이것을 '색성향미촉법色聲香味觸法', '육경六境'이라고 한다. 이러한 경계는 우리가 살아 있는 동안 한시도 멈추지 않고 끊임없이 작용한다.

만약, 내가 나쁜 일을 저지르면 내 몸에 딸린 '육근'도 그에 따라 작용하여 나중에 큰 병이 생기거나 괴로운 일이 발생하지만 선한 일을 많이 하면 '육근'이 건강해지고 나중에 평온함과 깨달음을 얻을 수 있다. 그렇기에 사람은 늘 자신의 마음을 지켜 나쁜 경계에 집착하지 않고 나쁜 것에 마음이 흔들리지 않아야 한다. 또한 강한 바람에도 흔들리지 않는 깨어 있는 지혜를 가져야 한다.

인간은 살아 있는 한, 나쁜 경계를 만날 수밖에 없고 피할 수도 없다. 그렇다면 어떻게 이 경계를 풀어야만 할까. 피하지 말고 다스려야 한다. 그러려면 지혜가 필요하고 다짐이 필요하다. 어떤 큰 이익이 와도 나쁜 일은 절대로 하지 말고 자신이 해야 할 일은 미루지 말고 반드시 하라는 것이다. 나의 주인은 바로 나다. 악행을 저지르면 괴로움이 따르고 선행을 하면 기쁨과 복이 온다는 것을 명심하라.

어리석지 마라

어리석은 사람에게는
자기 자신이 오히려 원수가 되기 쉽다.
생각 없이 저지른 나쁜 짓이
자신에게 가혹한 결과만 불러오기 때문이다.

이처럼 어리석은 사람은
나쁜 짓이 악업을 쌓는 것임을 모른다.
그가 하는 일이란
자기 몸을 스스로 불에 태우는 것과 다름이 없다.

′ 불교의 탐진치 (탐욕, 화냄, 어리석음) 삼독 중 가장 무서운 건 어리석음이다. 이것은 지식이 부족하거나 현명하지 못하다는 개념이 아니라 삶의 진리에 대한 바른 이해가 부족

한 상태인 '무지無知'를 가리킨다. 아무리 명예와 학식이 있고 부자일지라도 한순간의 잘못된 생각과 집착에 빠져 돌이킬 수 없는 나락으로 빠지는 것도 이러한 어리석은 생각 때문이다.

세상의 진리는 명확하다. 말과 행동에는 반드시 그 책임이 뒤따른다. 착한 일을 하면 행복이 찾아들고 나쁜 일을 저지르면 괴로움이 온다. 즉 인과법이다. 그런데 사람들은 무엇이 참된 일인지 제대로 판단하지 못하고 오직 눈앞의 쾌락과 이익에만 집착해 나쁜 일을 저지르고 나서야 비로소 깨닫는다. 이것이야말로 '무지'이다.

하지만 그 대가는 상상 외로 너무 크다. 이것은 마치 자기 몸을 불로 태우는 것과 다를 바가 없다. 바로 자기 자신이 원수怨讐가 되는 것이다. 그렇기에 이러한 어리석음으로부터 벗어날 방법은 욕망과 집착을 끊고 마음을 고요히 하고 끊임없는 수행을 통해 지혜를 증득하는 것이다.

악의 유혹을 버려라

착한 일은 주저하지 말고 최선을 다하여
자신의 마음이 악의 쾌락에 빠지지 않게 하라.
착한 업을 쌓는데 게으르다 보면
마음은 악의 유혹에 빠지기 쉽다.

' 착한 일은 주저하지 말고, 최선을 다해 행하면, 항아리에 한 방울씩 물이 쌓이듯 큰 복이 가득 쌓이게 된다. 그러나 착한 일 앞에서 주저하거나 게으르면 좋지 않은 일이 그 틈을 노리고 들어와서 결국 악의 쾌락이라는 달콤한 덫에 빠지기 쉽다. 그러므로 착한 일 앞에서는 절대로 주저하지 말라. 그 주저함이 복을 막는다.
  또한 착한 일을 할 때도 그 마음에 '자랑'이나 '보상'을 품지 말라. 진짜 착한 일은 남이 보지 않을 때, 아무 대가 없이 하는 것이다. 그것이야말로 큰 공덕을 짓는 길이다. 반대로 자신만의 쾌락을 추구하는 것은 악의 유혹에서 벗어날 수 없다는 것을 명심해야 한다.

자신에게 원수가 되지 마라

어리석은 사람에게는
자기 자신이 원수가 되기 쉽다.
생각 없이 함부로 저지른 나쁜 일이
자신에게 가혹한 결과를 불러오기 때문이다.

이처럼 어리석은 사람은
그것이 악업을 쌓는 일임을 모른다,
그러나 그가 하는 일이란
제 몸을 스스로 불에 태우는 것과 다름이 없다.

현명한 사람은 행동하기 전에 있어 항상 신중하지만, 어리석은 사람은 자신이 한 행동이 좋은지 나쁜지 잘 분별하지 못하는 경향이 많다. 행동은 자신의 인격을 결정하는 중요한 요소임에도 불구하고 함부로 하는 경향이 많아 자신도 모르게 피해를 보기 쉽다. 그래서 사람은 행동할 때는 신중해야 한다는 것이다. 그렇지 않고 마음이 끌리는 대로 함부로 행동하거나 말을 하면, 그에 상응하는 대가를 받을 수 있으므로 외부의 적보다 더 무서운 적은 바로 자기 자신일 수 있다.

더 큰 문제는 무지한 악행이 더 무섭다는 것이다. 어리석은 사람이 저지른 악행은 업karma의 무게를 인식하지 못해 당장은 아무렇지 않아 보여도, 점진적으로 자기 삶을 괴롭게 만든다. 이것은 마치 자기 몸에 불을 지르는 행위와 같아서 그에 대한 고통은 결국 자신에게 되돌아오는 것은 물론, 그 괴로움을 피할 수가 없다.

간음하지 말라

남의 배우자와
간음하는 방탕한 사람은
불명예, 불면증,
비난과 형벌, 지옥행.
이 네 가지를 피할 수 없다.

′ 간음은 탐욕과 욕망에 사로잡혀 타인의 경계를 넘어서는 행위로써 자신의 업뿐만 아니라 타인의 고통과 원한을 함께 만드는 죄업이 되는 것은 물론, 가족과 사회 전체에 고통을 확산시키는 원인이 된다. 그리고 일순간의 감각적 쾌락을 위해 타인의 고통을 외면하는 행위는 자비심의 부재이며 무지와 탐욕이다. 또한 사회적 신뢰와 체면을 잃게 만드는 것은

물론, 자기 평판에 심각한 손상을 입게 하고 가정, 직장, 공동체 등 모든 관계에서 자기 존재의 기반을 무너뜨리는 나쁜 결과로 이어질 수 있다.

그리고 이에 따른 죄책감, 두려움이나 불안으로 인해 내면의 양심이 무너져 결국 마음의 평화를 잃게 한다. 특히 불교적 관점에서 보면 음행은 중대한 십악업十惡業 중 하나로써 죽은 뒤 지옥·아귀·축생 삼악도에 떨어지는 결과로 이어질 수 있다. 이처럼 사람이 자신의 욕망과 탐욕을 제어할 수 없다면, 한갓 짐승과 다를 바가 없으며 불교의 인과법칙에 의해 고통의 씨앗이 된다. 그렇기에 사람에게 중요한 것은 마음의 청정함과 절제이다.

과보果報의 법칙

상처 입지 않는 손으로는
독약도 만질 수 있다.
상처를 입지 않았다면
독을 입을 까닭이 없으니
이처럼 악업을 짓지 않은 사람은
어느 곳에 있어도
괴로운 과보는 없다.

′ 상처가 없는 손은 독을 만져도 그 독이 피부를 뚫고 들어올 수 없기에 해를 입지 않지만, 상처가 있다면, 그 틈을 통해 독이 스며들어 몸을 해치게 된다. 이것은 외부의 해로움보다 내면의 상태가 더 중요하다는 상징적인 표현이다.

죄가 없고 떳떳한 사람은 어디에 있든, 어떤 상황에 처하든, 외부의 비난이나 재난에도 쉽게 마음이 흔들리지 않고 당연히 그에 대한 나쁜 과보도 따르지 않는다.

반면, 평소 악행을 일삼는 등 죄를 많이 지은 사람은 어디에 있든 마음이 늘 불안하다. 설령 아무도 그의 죄를 모른다 할지라도, 스스로 양심에 쫓겨 고요히 있지 못한다. 당신은 어떤 사람이 되고 싶은가? 어떤 일을 하든지 항상 정직하고, 어느 상황에서도 최선을 다하라. 그 진실함은 반드시 복된 열매로 되돌아온다.

어리석은 사람

어리석은 사람이 가진 지식이나
재주는 도리어 재앙이다.
그는 자신이 가진 재주나 능력으로
오히려 제 복과 지혜를 덜어낸다.

'어리석은 사람에게 지식은 칼이다'라는 말이 있다. 이것은 '어리석은 사람이 가진 지식이나 재주는 오히려 그 자신을 해치는 칼이 된다'는 역설적인 의미를 담고 있다.

이것을 불교적 관점에서 살펴보면, 한갓 재주와 지식은 그 자체로서는 선도 악도 아니지만, 이것을 어떻게 쓰느냐에 따라 복이 될 수도 있고 재앙이 될 수도 있다.

왜냐하면 어리석은 사람은 자신의 지식이 전부인 줄 알고,

그 재주만을 믿고 자만하기 때문이다. 이런 사람은 마치 칼날을 장난감처럼 휘두르는 아이와 같아 결국 남도 해치고, 자신도 다치게 된다.

고로 참된 지혜는 자신의 한계를 알고, 자신의 지식과 재주를 겸손하게 쓰는 것이다. 그래서 불교에서는 지식보다 더 중요한 것이 바로 '지혜'라고 하는 것이다.

그렇기에 배우지 못한 것이나 능력이 없어도 차라리 어리석음보다는 낫다. 배우지 못했으면 열심히 배우면 되고, 능력이 없다면 지금부터라도 노력하면 되기 때문이다. 그러나 아집으로 가득한 어리석은 사람은 아무리 배우고 노력해도 고치기가 어려운 것이 현실이다.

거짓말을 하지 말라

타인에게 거짓말을 하지 말라.
스스로 화에 깃들지 말라.
가난한 사람들과 함께 자신의 것을 나누어라.
이 세 가지를 가지면 천상의 신이 된다.

' 거짓은 곧 자신을 속이는 일이다. 스스로를 속이는 자가 어찌 타인의 신뢰를 얻을 수 있겠는가. 거짓은 인간 관계를 어지럽히고, 결국 단절과 파멸을 부른다.
또한 분노는 어리석은 불이다. 분노에 자주 사로잡힌 자는 불 속으로 뛰어드는 불나방과 다르지 않다. 그 불은 눈을 멀게 하고, 자신이 가야 할 길과 직분을 잃게 만든다. 모든 갈등은 분노에서 시작되니, 분노를 다스리는 자가 곧 평화를 얻는다.

가난한 이를 돕는 것은 생명에 대한 공경이다. 가진 것이 적더라도 기꺼이 나누면 그 복은 깊어지고, 나눔 없는 삶은 그 어떤 수행으로도 채울 수 없다.

이 세 가지를 지키는 사람은 하늘의 뜻처럼 살아가며, 존경받는 삶을 누릴 것이다.

깨달음의 길

중생들이여 깨달아라.
무절제한 사람들이 처하는
모진 고통들을
탐욕과 악이
그대를 기나긴 절망 속으로
빠지지 않게 하라.

′ 불교에서의 중생들이란 생명체만을 뜻하는 것이 아니라, 욕망과 분노, 무지 속에서 살아가는 사람들을 가리킨다. 또한 여기에서 '깨달아라'는 경구는 단순한 종교적 외침이 아니라 삶의 본질을 꿰뚫어 통찰하라는 존재의 촉구이다.
 사람이 절제의 삶을 산다는 것은 지혜롭게 내면의 중심을 지키는 것이고, 무절제한 삶을 산다는 것은 주인인 마음을 잃어버린 상태이다. 따라서 감정이나 말과 행동을 절제하지 못하는 사람은 혼란과 번뇌로 점철된 고통의 삶을 살 수밖에 없다.

더구나 탐욕과 악은 한 뿌리이기에 끝없는 욕망에 대한 집착은 타인을 해하거나 자신을 망가뜨리는 악의 형태로 발현될 수 있는 것은 물론, 자신의 영혼을 피폐하게 만들어 기나긴 절망에 빠지게 하는 원인이 된다.

그리고 탐욕을 억제하라는 것은 욕망을 갖지 말라는 것이 아니라, 그 본질을 꿰뚫어 보아 그 욕망이 어디서 왔는지, 내가 진짜 원하는 것이 무엇인지를 통찰하라는 것이다. 이것이 바로 진리의 깨달음으로 가는 길이다.

살생의 끝

생명이 있는 것들은 모두 폭력 앞에서 떨고
죽음을 두려워한다.
잠시라도 당하는 자의 입장에 처해 보면
어찌 함부로 살아 있는 생명을 해치거나 죽일 수 있으랴.

살아 있는 것들은 모두 자신의 몸을 지키려 하고
자신의 목숨을 무엇보다 소중히 여긴다.
그대 자신도 그러하거니와
어찌 살아 있는 생명을 빼앗을 수 있단 말인가.

′ 이 구절은 『법구경』 가운데서도 불살생의 가르침을 가장 섬세하고도 깊이 있게 전하는 대목 중 하나이다. 본디 모든

생명은 고통을 피하고, 죽음을 두려워한다. 그것은 인간뿐 아니라 동물, 곤충, 미물微物까지도 마찬가지다.

더욱이 불교가 강조하는 '불이不二의 사상', 즉 나와 남이 둘이 아니라는 깨달음에 이른다면, 우리는 그 어떤 생명도 자기 자신처럼 존귀하게 여겨야 할 존재임을 알게 된다. 만약, 당신이 누군가에 의해 목숨이 위협받는 입장에 처한다면 어떻겠는가? 그 두려움과 공포, 몸부림은 인간이나 동물이나 다르지 않다. 이러한 감각적 동일성, 생명의 평등성에 대한 자각이 생기면 더 이상 생명을 함부로 대하거나 해치려는 마음 자체가 사라진다.

특히 마지막 문장 '어찌 살아 있는 생명을 빼앗을 수 있다 말인가'는 이 경의 핵심이며, 살생을 금지하라는 윤리의 차원을 넘어, 생명을 '보는 눈'을 열라는 깨우침의 요청이기도 하다. 진정한 자비는 '해치지 않는 것'에 그치지 않고, 모든 생명 안에 불성이 깃들어 있음을 자각하는 것이다. 그래서 불교는 '개도 불성이 있다狗子亦有佛性'고 말한다. 그 말은 단지 모든 존재가 부처가 될 수 있다는 선언이 아니라, 이미 모든 존재가 부처이며, 그 생명의 자리 자체가 존엄하고 신성함을 가르치는 말이다.

타인을 비판하지 마라

남의 허물은 쉽게 눈에 띄지만
자신이 가진 허물은 드러내기 어려운 법
사람들은 남의 허물을 까발리기 좋아하고
자신의 허물은 도박꾼이 나쁜 패를 감추듯 한다.

′ 이 구절은 자기 성찰의 어려움을 날카롭게 지적하며, 인간이 지닌 보편적인 심리와 수행자가 갖추어야 할 기본적인 마음가짐을 직설적으로 보여준다. 대개 사람은 자기 허물에는 관대하면서도, 남의 허물에는 유난히 민감한 성향을 보인다. 이러한 자기중심적 사고와 아집은, 마치 '도박꾼이 자신이 가진 나쁜 패를 감추는 것'과 같다. 자신의 결점은 감추고, 타인의 결점만 들춰내려는 교묘한 회피이며, 이는 수행

을 가로막는 큰 장애다.

그러므로 진정한 수행자는 남의 허물을 보기 전에 자기 내면을 먼저 들여다보고, 남을 비판하기 전에 스스로를 성찰하는 태도를 가져야 한다. 이 말씀은 단지 수행자에게만 해당되는 것이 아니다. 오늘날 소셜미디어가 범람하고, 익명의 공간에서 누구나 쉽게 남을 평가하고 비난하는 사회 속에서, 이 가르침은 더욱 절실하다. 자기 언행은 돌아보지 않으면서 남의 단점만을 지적하는 것은 현대인이 빠지기 쉬운 윤리적 함정이다.

우리는 지금 얼굴 없는 복잡한 세상 속에 살고 있다. 그럴수록 남을 비난하기보다는, 자신의 마음을 먼저 살피는 태도가 필요하다. 무심코 뱉은 말이 남의 가슴에 비수가 되어 꽂히기도 한다. 그러므로 말과 마음을 다스리는 자기 성찰의 자세는 수행자의 본분일 뿐 아니라, 현대를 살아가는 우리 모두에게 필요한 삶의 지혜다.

과음의 끝은

정신을 흐리게 하는 술이나
다른 것에 빠져드는 사람은
자신이 살아가는 이 세상에서
이미 스스로의 삶의 뿌리를 파내는 것이다.

′ 이 경구는 단순한 금주禁酒의 권고가 아니라, 인간의 정신을 흐리게 만드는 모든 '탐닉'과 '중독'에 대한 깊은 경계를 담고 있다. 사람은 맑은 정신, 곧 자각自覺을 통해서만 바르고 깨어 있는 삶을 살아갈 수 있는 존재다. 그러나 술이나 마약, 혹은 욕망과 쾌락을 중독적으로 좇는 성향은 자기를 자각할 능력을 점점 흐리게 하며, 결국 삶의 중심을 상실하게 만든다.

이것은 마치 나무가 스스로의 뿌리를 파내는 행위와 같다. 겉으로는 멀쩡해 보여도, 내면 깊이에서 삶의 기반이 무너지고 있는 것이다. 정신적인 측면에서 보면, 술과 마약, 집착적인 쾌락의 본질은 대부분 현실도피에서 비롯된다. 사람이 삶에서 마주하는 괴로움과 고통은 스스로 직면하고 극복하는 과정 자체가 수행이고 성장이다. 그런데 그것을 외면한 채 순간적인 쾌락으로 덮으려 할 때, 사람은 자신에게서 점점 멀어질 수밖에 없다.

'정신이 흐려진다'는 말은 곧 분별심을 잃고, 자기를 잃는다는 뜻이다. 불교에서 술을 금하는 계율도 단지 음주라는 행위를 금지하기 위함이 아니라, 깨달음을 방해하는 '의식의 흐림(迷)'을 경계하기 위해서이다. 왜냐하면 그것은 진리를 보는 눈을 가리게 하고, 스스로의 업業을 더욱 깊게 만들며, 무의식 속에 갇힌 삶으로 떨어뜨리기 때문이다.

악담惡談의 끝

남에게 나쁜 말을 하지 말라.
험한 말은 나에게로 되돌아온다.
그렇듯이 악담은 돌고 돌아
끝내 고통을 몰고
자신에게로 되돌아온다.

′ 이 구절은 말의 업業, 즉 언어의 힘과 그것이 불러오는 '과보果報'에 대한 깊은 통찰을 전해주는 가르침이다. '남에게 나쁜 말을 하지 말라'는 것은 단순히 예의를 지키라는 외면적인 충고가 아니라, 내가 내뱉는 말이 곧 내 마음의 상태를 드러낸다는 사실에 대한 자각을 요구한다.
 사람은 말로 세상을 만들기도 하고, 망치기도 한다. 때로는 무심코 내뱉은 말이 돌아 돌아 자신에게 고통이 되어 되돌아오기도 한다. 이것은 단순한 윤리적 경고가 아니라, 불교의 핵심 사상인 업보業報의 원리를 담고 있다. 내가 뿌린 씨앗이 결국 내 삶의 열매로 맺히듯, 남을 해치는 악담과 험구險口는 자신 안에 고통의 씨앗을 심는 일이다.

이러한 언어의 업은 타인뿐 아니라 자기 내면에도 어두운 흔적을 남긴다. 말은 마음에서 나오기 때문에, 악한 말을 자주 하는 사람은 자신도 모르게 마음의 그늘을 키우고, 결국에는 관계와 운명, 내면의 평화까지도 무너뜨리게 한다.

다음은 부처님께서 말씀하신 '바른 말正語의 네 가지다.

'진실한 말, 부드럽고 온화한 말, 이간시키지 않는 말, 듣는 이에게 이익과 평화를 주는 말.'이다. 이렇듯 말 한마디는 사람을 치유할 수도 있고, 찌를 수도 있다. 그러므로 수행자라면 말하기 전에 반드시 자신의 마음을 먼저 비추어 보는 습관, 즉 언어 이전의 자각을 지녀야 한다.

4장

정업 正業

⋮

도덕적이고 윤리적인 행동을 실천하라

진정한 바라문

큰 것이든 작은 것이든
좋은 것이든 하찮은 것이든
자기 것이 아니면 취할 욕심이 없는 사람
이런 사람이 진정한 바라문이 될 수 있다.

  이 구절은 '탐욕 없는 삶', 곧 무소유의 덕성을 강조하는 매우 중요한 가르침을 담고 있다. '큰 것이든 작은 것이든, 좋은 것이든 하찮은 것이든, 자기 것이 아니면 취하지 않는 사람'이란 단순히 '도둑질하지 말라'는 외형적인 계율을 넘어, 마음속 깊은 탐심貪心 자체를 성찰하라는 가르침이다.
  특히 자기 것이 아닌, 남의 것을 취하려는 마음은 모든 번뇌와 죄업의 씨앗이 되며, 이러한 탐욕은 자신도 모르게 습관이 되어, 결국에는 자기 마음을 병들게 만들 수 있다.

본디 사람의 욕망은 끝이 없다. 그러한 욕망만을 좇다가 자신을 소진시키고, 결국엔 번뇌의 굴레에 갇히게 된다. 그래서 부처님께서는 탐욕이야말로 괴로움의 근원이자, 해탈을 가로막는 가장 큰 장애이기에 이를 경계하라고 하셨던 것이다.

그러나 가난하더라도 마음이 넉넉한 사람은, 자기 것이 아닌, 외물外物에는 아예 눈길조차 주지 않는다. 이런 사람은 있는 그대로의 삶 속에서 자족하며, 진리를 볼 수 있는 눈을 갖추게 된다.

여기서 '바라문'은 단지 인도 전통의 계급적 신분을 의미하는 것이 아니다. 오히려 마음조차 소유하지 않고, 치열한 자기 성찰과 수행을 통해 해탈에 이른 자, 곧 진정으로 자유로운 사람을 가리킨다.

분별심을 버려라

남의 잘못이나 허물을 보지 말라.
착하다 나쁘다 판단도 하지 말라.
오로지 나 자신의 행동만을 살피되
선한 것과 악한 것을
분명하게 가려서 행동하라.

˝ 이 구절은 사람이 지녀야 할 본질적인 마음의 태도를 일깨워 주는 가르침으로써, 무엇보다 타인을 판단하기 전에 자신을 성찰하는 것이 먼저임을 강조하고 있다.
 '남의 잘못이나 허물을 보지 말라'는 말은 단순히 타인의 잘못을 눈감으라는 뜻이 아니다. 오히려 타인의 허물을 쉽게 판단하고 비판하려는 습관을 경계하라는 깊은 의미를 담고 있다. 대개 사람들은 남의 잘못에는 민감하면서도 자기 허물에는 무감각한 경향이 많다. 이러한 왜곡된 인식은 때로 큰 다툼을 일으키거나, 심지어 타인을 해치기까지 하는 원인이 되기도 한다. 그 중심에는 '잘못된 분별심'이 자리 잡고 있다.

하지만 불교의 핵심 가르침은 항상 자기 자신을 돌아보는 수행에 있다. 남의 허물보다도 먼저, 자기 마음의 움직임과 언행의 바름을 살피는 것이 바로 바른길이다.

또한, '착하다 나쁘다 판단도 하지 말라'는 구절은 무분별한 이분법적 사고에서 벗어나라는 뜻이다. 인간은 자주 '선악'이나 '옳고 그름'이라는 틀에 갇혀 편견과 아집에 빠지기 쉽다. 이러한 이분법은 세상을 바르게 보는 눈을 흐리게 하며, 참된 지혜를 얻는 길을 막는다.

그래서 부처님은 말씀하셨다. '오로지 나 자신만을 살피되, 선한 것과 악한 것을 분명히 가려서 행동하라.' 여기에서의 핵심은 남을 판단하거나 정죄하기에 앞서, 자기 마음과 행동을 철저히 살피는 것이다. 그리고 '선한 것과 악한 것을 분명히 가린다'는 말은 자기 내면의 동기와 의도, 말과 행동의 결과까지 똑바로 보라는 뜻이다.

남의 허물을 들추지 말라

항상 남의 허물만을 찾으려 하고
항상 좋지 않은 기분에만 사로잡혀 있으면
오직 마음속의 탐욕만이 자라난다.
이는 무욕의 청정심에서 멀어지는 일이다.

✐ 이 구절은 탐욕과 번뇌가 자라나는 근본적인 심리 구조를 꿰뚫는 통찰을 담고 있다. 사람이 항상 남의 허물만을 들추고, 불평과 불만, 분노나 질투 같은 부정적인 감정에 사로잡혀 살아가게 되면, 자신도 모르게 마음의 어두운 에너지, 곧 탐욕과 집착의 뿌리만이 점점 자라나게 된다.

여기에서 중요한 점은, 탐욕은 단순히 돈이나 물질을 향한 욕심만을 가리키는 것이 아니라, 남을 이기려는 마음, 남과 비교하며 자기를 내세우려는 마음, 끊임없이 불만을 품고 상대를 깎아내리려는 에고의 작용을 모두 포함한다는 점이다. 이런 마음 상태는 결국 청정한 무욕無欲의 마음, 곧 고요하고 맑은 본래의 심성에서 점점 멀어지게 만든다.

부처님께서 가르치신 무욕無欲이란 단지 아무것도 바라지 않는 상태가 아니다. 그것은 비교하지 않고, 시비하지 않으며, 분별하지 않는 평온한 마음, 즉 있는 그대로의 삶을 받아들이는 자족自足의 지혜이다.

그렇지 않고 항상 남의 허물만을 바라보고, 부정적인 기분에 휩싸여 있는 삶은 자신을 갉아먹는 독과 같다. 결국 그런 마음은 외부를 탓하면서도 내면을 돌아보지 않는 습관을 굳히고, 자기중심적인 욕망을 더욱 부풀게 한다. 그러므로 수행자는 타인의 허물을 보기 전에 자신의 마음을 먼저 살피고, 순간순간 일어나는 감정의 파동을 알아차려야 하며, 거기서 한 발 물러나 자비와 무욕의 마음으로 되돌아와야 한다. 이것이 바로 청정한 수행의 시작이며, 참된 수행의 길에 드는 첫걸음이다.

나의 때를 벗겨라

현명한 사람이라면
자신의 때도 벗겨야 한다.
은세공하는 사람이
은의 때를 닦아내듯이
서둘지 않고, 조금씩, 조금씩
날마다 시시때때로.

✏ 여기에서 강조한 '현명한 사람이라면 자신의 때도 벗겨야 한다'는 말은, 아무리 지혜롭고 똑똑한 사람일지라도 자기 내면의 어둠, 즉 아집, 탐욕, 분노, 무지를 끊임없이 살피고 닦아야 함을 의미한다. 이것은 자신을 완성된 존재라고 착각하지 말고, 늘 수행자의 자리에서 마음을 잘 다스리라는

부처님의 경책이다.

대개 은銀이라는 금속은 겉보기에는 매우 아름답지만, 시간이 지나면 자연스레 검은 때가 낀다. 그렇듯 사람의 마음 또한 잠시 맑아졌다고 해서 항상 유지되는 것이 아니다. 살다 보면 세속의 삶 속에서 알게 모르게 탐욕, 분노, 무지라는 '삼독三毒'이 서서히 끼어든다.

이것은 마치 은을 세공하는 사람이 끈기 있게 정성껏 은에 낀 때를 닦아내듯, 수행자 역시 서두르지 말고 조금씩 조금씩 마음을 닦아야 한다는 것이다. 이것은 일회적인 정화가 아니라 삶 전체에 걸친 지속적이고 반복적인 자기 성찰의 과정이다.

'시시때때로'라는 말에는, '언제나 깨어 있으라는 자각의 정신'이 온전히 담겨 있다. 매일 아침 눈을 뜰 때, 사람을 만날 때, 말을 할 때, 혼자 있을 때조차도, 그 순간마다 마음의 때를 돌아보는 삶, 그것이 곧 현자가 걷는 진정한 수행의 길이다.

그러므로 이 경구는 참된 지혜란 외부가 아닌 자기 내면을 닦는 일임을 강조하며, 자기 정화淨化의 과정이 얼마나 섬세하고 인내를 요하는 수행인가를 잘 보여준다.

열 가지의 과보果報

덕이 높고 청렴결백한 사람을
해롭게 하거나 다치게 하면
다음 열 가지 중에서 하나의 과보를 면할 수 없다.

견딜 수 없는 심한 고통이 오며
제 가진 것을 다 잃어버리기 쉬우며
몸을 크게 다칠 수 있으며
불치의 병에 걸릴 수 있다.
또한 정신병을 앓을 수 있으며
나라의 형벌을 받을 수 있으며
고소를 당하고 감옥에 갈 수 있으며
가족을 잃을 수 있다.
그리고 자연재해를 당할 수 있으며
집이 벼락을 맞아 불탈 수 있으며

더욱 중요한 과보는

죽어서 지옥에 떨어져
천년만고에 시달리리라.

　이 구절은 도덕적으로 바르고 청렴한 사람을 해롭게 할 경우, 어떤 인과因果의 과보를 받게 되는지를 경고하는 말로, 불교의 업보業報 사상을 강조하고 있다. 여기서 말하는 '덕이 높고 청렴결백한 사람'은 단순히 선한 사람을 의미하는 것이 아니다. 탐욕, 분노, 어리석음을 끊임없이 다스리며 치열한 수행을 통해 마음을 청정하게 가꿔온 이들, 즉 세속에 물들지 않고 진실한 삶을 살아가는 수행자를 가리킨다.
　이러한 청정한 자를 아무런 근거 없이 해롭게 한다면, 열 가지의 무거운 과보를 피할 수 없다는 것이 본문의 요지다. 이는 단순한 윤리적 경고가 아니라, 업業의 원리에 따른 상징적이고도 실제적인 경고다. 청정한 존재에게 악행을 저지를 경우, 그 업보는 즉각적이며 현실적으로도 무겁게 작용할 수 있고, 나아가 사후의 형벌까지 수반될 수 있다.

그 열 가지 과보는 다음과 같다.

견딜 수 없는 정신적·육체적 고통을 당하게 된다.
재물을 잃고, 물질적 파탄에 이른다.
심각한 사고나 질병으로 몸이 크게 손상된다.
불치의 병에 걸려 장기적인 고통을 겪게 된다.
정신병을 앓아 마음의 안정을 잃는다.
국가의 형벌을 받아 법적 처벌을 받는다.
고소를 당해 감옥에 수감되는 등 사회적 낙인을 받는다.
가족과의 이별이나 사별이라는 큰 인생의 고통을 겪는다.
홍수, 지진, 가뭄 등 자연재해를 당하게 된다.
벼락, 화재 등 직접적인 재난으로 삶이 파괴된다.

그리고 이 모든 현실적 과보를 넘어, 사후에는 지옥에 떨어져 천년만고의 고통 속에 시달리게 된다.

이처럼 청정한 수행자에게 해를 끼치는 행위는 단순한 도덕적 과오가 아니라, 심대한 업장을 남기는 중죄이다. 결국 이는 남을 해치는 것이 아니라, 스스로를 해치고 망치는 일이기도 하다. 불교의 핵심 교훈 중 하나는 '타인을 해치려는 마음은 곧 자기 파멸의 씨앗'임을 자각하라는 것이다.

악은 악을 낳는다

단 한 번이라도 악행을 한 사람은
그 악한 것을 숨기려 또 거짓말을 하게 된다.
다음 생조차도 두려워 할 줄 모르게 되고
나중에는 그 어떤 악행도 서슴지 않게 된다.

 이 경구는 작은 악행 하나가 인간의 내면을 어떻게 병들게 하여 파멸로 이끄는지를 경고하는 가르침이다.
 누구나 세상을 살다 보면 실수나 잘못을 저지를 때도 있다. 이때 가장 중요한 것은 즉시 잘못을 뒤돌아보고 참회하는 태도이다. 반성 없이 무조건 잘못을 덮으려 하거나 외면할 경우, 그 잘못은 단 한 번만으로 끝나지 않고 점점 더 깊은 어둠 속으로 이어질 수 있다.

왜냐하면 그 잘못을 합리화하거나 감추기 위해 변명을 일삼게 되고, 거짓이 또 다른 거짓을 낳아 자신을 파멸시키는 시작점이 될 수 있기 때문이다.

심지어 그 사소한 잘못으로 인해 나중엔 도덕적 감각마저 사라져 '다음 생조차 두려워하지 않는 살인이나 강도 같은 중죄도 서슴지 않게 저지를 수 있게 된다'는 뜻이다. 이것은 불교적 표현으로, 인과응보에 대한 의식이 사라진 상태를 말한다. 그러므로 사람은 항상 깨끗한 삶을 살도록 스스로 노력해야 한다.

의로운 사람

자기 자신을 위해서
남을 위해서
자기 자손을 위해서도
부와 권력을 바라지 않으며
바르지 못한 방법으로는
오직 성공하는 것을 원치 않는 사람,
그를 일러 지혜를 갖추고 있는
의로운 사람이라고 한다.

′ 진정한 지혜와 의로움의 본질이 무엇인가를 가르쳐 주는 부처님의 말씀으로써 '욕망의 절제'와 '수단의 정당성'이라는 두 가지 수행적 덕목을 중심으로 깊은 통찰을 제시하는

글이다. 인간이 흔히 부와 권력을 탐하는 이유는 자기와 가족을 잘살게 하기 위함이라고 한다. 하지만 이것은 결코 지혜로운 길이 아니며 의로운 일도 아니다. 아무리 목적이 좋고 이유가 정당하더라도, 바르지 못한 방법을 써서 성공을 이루려 해서는 안 된다. 수단이 그릇되면, 결국 그 과보는 자신과 타인 모두에게 고통으로 돌아올 수밖에 없다.

그렇기에 진정한 지혜란, 탐욕을 절제할 줄 아는 통찰이며 진정한 의로움이란, 정당하지 않은 방법으로는 결코 성공을 추구하지 않는 도덕성에 있다. 고로 현명한 사람은 안다고 해서 다 얻으려 하지 않으며, 성공할 수 있다고 해서 무엇이든 하려 들지 않는다. 왜냐하면 그 결과가 누구에게 어떤 업을 남기는지를 잘 알고 있기 때문이다.

특히 이 구절은 현대 사회에서 더 깊은 울림을 준다. 대부분의 사람들은 "결과만 좋으면 된다", "성공이 최고의 가치"라고 믿으며 부정한 방법도 정당화하려는 경향이 있다. 그러나 진정한 지혜는 그 결과가 누구를 해치지는 않는지, 그 수단이 스스로의 마음을 더럽히지 않는지를 돌아보게 한다.

사랑도 미움도 마음에 두지 말라

사랑하는 것도
미워하는 것도
마음에 두지 말라.
사랑하는 것을
곁에 두지 못하는 것도
괴로움이요
미워하는 것을
곁에 두고 있는 것도
괴로움이다.

′불교에서 말하는 애착과 증오의 두 극단적인 감정이 모두 괴로움의 원인이 된다는 깊은 통찰을 담고 있는 구절이

다. 우리가 흔히 '좋아하는 것'은 기쁨만 줄 것 같고, '미워하는 것'은 단지 불쾌할 뿐이라고 생각하기 쉽지만, 부처님은 사랑도, 미움도 마음에 품는 것, 그 자체가 괴로움의 씨앗이라고 말씀하시고 있다.

그렇다고 사랑하거나 미워하는 '감정'를 무조건 억누르라는 뜻이 아니다. 그 감정에 집착하지 말라는 것이다. 사랑도, 미움도 모두 '내 뜻대로 하고자 하는 욕망'에서 비롯되고, 그 욕망이 충족되지 않을 때 고통을 겪게 된다.

대개 인간들은 사랑하는 대상(사람, 물건, 지위)을 잃게 될까 봐 불안해하고, 그것을 잃었을 때는 깊은 상실감에 빠지게 된다. 이것은 바로 애愛에서 오는 집착과 괴로움 때문이다. 또한 미워하는 사람과 마주하면 분노, 불평, 불안이 일어난다. 하지만 그 미움을 버리지 못하고 오랫동안 지니고 있으면 마음은 더 피폐해지고 괴로움에 빠질 수밖에 없다.

이 경구의 핵심적인 가르침은 결국 '사랑'과 '미움'은 '마음의 두 극단'이라는 것이다. 어느 쪽이든 깊이 마음속에 품고 있으면 괴로움의 원인이 되므로 수행자는 이 두 감정의 작용을 알아차리고, 그것에 붙잡히지 않는 자유를 지향해야 한다. 이것이 곧 중도中道적인 삶이다.

무애無碍와 무착無着

사랑을 하는 것
이별을 하는 것
그것이 얼마나 쓰라리고
가슴 아프더냐.
그대여 그 무엇에도
애착을 가지지 말라.
사랑도 없고
그 무엇도 미워하지 않는 이
생사生死의 족쇄에서 벗어나리라.

˝ 이 구절은 '무애無(걸림 없음)'와 '무착無着(집착 없음)'의 자유로운 삶에 대한 깊은 통찰을 담고 있다. 인간 존재는 본래

사랑의 기쁨과 이별의 고통을 동시에 품고 살아간다.

사랑은 달콤하지만, 시간의 흐름 속에서 결국 이별·상실·죽음 등의 고통을 피할 수 없게 된다.

불교에서는 이러한 고통을 '사랑하는 사람과 헤어지는 괴로움〔애별리고愛別離苦〕'이라고 하며, 이는 생·노·병·사와 함께 인간이 겪는 근본적인 네 가지 고통 중 하나로 여긴다. 여기서 부처님이 말하고자 하는 바는, 단지 사랑의 감정을 부정하라는 것이 아니다. 인간은 누구든 사랑할 수 있으며, 그것 자체가 잘못은 아니다. 다만 그 사랑에 '집착'할 때, 즉 그 대상이 영원히 내 곁에 있기를 바라며 마음이 얽매이기 시작하면, 그때부터 괴로움이 시작된다.

왜냐하면 이 세상의 모든 것은 끊임없이 변하고, 사라지며, 한순간도 머무르지 않기 때문이다. 이것을 불교에서는 '무상無常'이라고 한다. 그러므로 수행자가 진정한 자유와 해탈을 원한다면, 반드시 다음과 같은 경지에 이르러야 한다.

"사랑도 없고, 그 무엇도 미워하지 않는 이, 생사의 족쇄에서 벗어나리라."

이는 좋고 싫음, 애착과 혐오의 이분법을 초월한 상태 즉, '평등심平等心'을 말한다. 물론 이 경지에 도달하는 것은 결코 쉬운 일이 아니며 인간의 감정 구조상 한순간에 초월하기도 어렵다. 그러나 수행과 깨어 있는 삶을 통해 마음이 점차 흔들리지 않게 될 수 있다.

　윤회의 고통은 어디에서 시작되는가? 바로 '애愛'에서 시작된다. 사랑하고, 집착하고, 미워하고, 원망하면서 마음이 얽매이고, 그로 인해 우리는 다시 이 세상에 태어나게 되는 것이다. 이것이 곧 윤회의 고리이며, 생사의 족쇄이다. 따라서 사랑과 미움을 모두 내려놓고, 좋고 싫음의 감정을 넘어서서 평등한 마음으로 세상을 보는 사가, 생사의 굴레를 끊고 진정한 자유와 해탈, 즉 열반涅槃에 이를 수 있다.

화는 행복의 적

잡초는 밭을 폐허가 되게 하고
화는 중생을 폐허가 되게 하네.
하여 화를 없앤 사람에게 공양을 올리면
그 복福밭에서 무량한 곡식을 거두리라.

ʹ 잡초는 곡식이 자라야 할 밭을 메마르게 한다. 햇볕과 물을 빼앗아, 결국 밭 전체를 황폐하게 만들고 만다. 본래 생명을 기르던 땅이 해로운 것으로 가득 찬 것이다. 이와 마찬가지로, 사람의 마음 밭에 '분노'라는 잡초가 자라면 선한 마음과 지혜는 말라버리고, 결국 사람은 파멸에 이른다. 분노는 삶을 어지럽히는 가장 위험한 독초이다. 그러나 분노를 다스린 사람, 화怒를 끊어낸 수행자는 마음에 독이 없다. 그의 내

면은 고요하고 평정하며, 이미 복의 씨앗이 자라나고 있는 청정한 밭과 같다. 이러한 사람에게 공양을 올리는 것은 단순히 물질을 바치는 일이 아니다. 그것은 곧 복의 밭에 씨를 뿌리는 일이며, 그 결과는 무량한 복덕이 되어 되돌아온다. 그러므로 이렇게 말할 수 있다

"분노라는 마음의 잡초를 뽑아내라. 그래야 큰 복을 얻을 수 있다. 그리고 분노를 다스린 자에게 공양하라. 그 마음밭은 이미 열매 맺을 준비가 되어 있다."

이제 당신은 어떤 사람이 되고 싶은가? 항상 분노라는 잡초를 품고 살아가는 사람인가, 아니면 그 분노를 뽑아내고 복의 씨앗을 정성껏 키워가는 사람인가.

남을 모함하지 말라

거짓으로 타인을 모함하는 자는
지옥에 떨어지며
자신의 죄를 덮으려고 거짓말을 하는 사람은
죽어서도 지옥으로 떨어진다.
그 두 부류의 사람들은
다시 인간으로 태어나도
여전히 그 행실은 사악하다.

′ 이 구절은 거짓말이 불러오는 무서운 업과 인과에 대한 부처님의 강한 경고를 담고 있다. 특히 남을 해치기 위해 의도적으로 거짓말을 하는 행위는 단지 도덕적인 잘못을 넘어서 상대의 삶과 명예, 존재 자체를 파괴하는 중대한 악업이

된다. 이는 곧 스스로 지옥의 씨앗을 심는 것과 같다.

또한, 자신의 죄를 인정하지 않고 거짓말로 숨기거나 남에게 책임을 전가하는 행위는 업이 쌓여 결국 사후에 지옥의 고통으로 되돌아온다. 이것은 단순한 윤리적 경고가 아닌, 부처님께서 강조하신 업보業報의 엄중함을 드러내는 가르침이라고 할 수 있다.

그렇기에 거짓말은 내 마음의 어두움을 드러내는 행위이며, 타인에게 고통을 주는 동시에 스스로의 미래를 파괴하는 업이다. 또한 타인을 해치는 거짓말은 지옥을 자초하는 중죄이며, 자신의 죄를 덮기 위한 거짓은 참회 없는 어리석음에 불과하다.

그렇기에 거짓말의 습성은 죽음 이후에도 이어지며, 다시 인간으로 태어나도 그 업은 계속된다. 결국 진정한 해탈은 진실과 참회의 삶을 선택하는 데서 시작된다.

이성에 대한 욕망을 버려라

이성에 대한 욕망이 줄었다고 해도
아직 마음속에 티끌이라도 남아 있다면
그곳에서 욕망이 다 벗어났다고 할 수가 없다.
젖을 아직 떼지 못한 송아지는
도로 어미소의 젖에 매달리는 법이다.

′이 경구는 겉으로는 욕망을 줄였다고 하나, 마음 깊은 곳에 아주 미세한 욕망이라도 남아 있다면 그것은 결코 완전한 해탈이 아니라는 부처님의 가르침을 담고 있다. 불교에서는 이를 '미세번뇌微細煩惱'라 하며, 겉으로 드러나지 않지만, 무의식 깊숙이 남아 있는 집착이나 욕망 역시 수행의 장애로 본다. 그러므로 수행자라면 마음속에 잔존한 미세한 욕망까

지도 철저히 들여다보고, 지혜로써 소멸시켜야 한다.

특히 이 경구는 진리를 추구하는 수행자에게 '아주 미묘한 집착조차도 철저히 살펴야 한다'는 깊은 성찰을 요구한다. 마치 '젖을 아직 떼지 못한 송아지가 다시 어미소의 젖에 매달리는 것과 같다'는 비유처럼, 겉보기에 욕망을 끊은 듯 보여도, 기회가 다시 주어지면 그것에 매달리게 된다는 경계의 뜻이다.

진정한 해탈은 단순히 욕망을 억누르거나 억제하는 것이 아니라, 욕망의 본질을 지혜로 꿰뚫어본 뒤, 그것이 허망하고 부질없음을 자각함으로써 자연스럽게 사라지는 상태를 의미한다. 그렇지 않으면, 아무리 마음을 다잡았다 하더라도, 어느 순간 송아지가 다시 어미 젖에 매달리듯 욕망은 되살아날 수 있다.

결국 진정한 자유는 마음속 어둠을 회피하지 않고 끝까지 바라보며, 그것을 감추지 않는 데서 시작된다. 자신에게 남아 있는 미세한 집착을 직면하고 비추는 용기야말로, 수행자의 길에서 가장 중요한 덕목이다.

치열한 수행

지붕을 엉성하게 잇게 되면
비가 올 때 물이 새는 것처럼
치열하게 마음을 닦아 두지 않으면
이내 헛된 욕망에 젖어들리라.

지붕을 빈틈없이 잘 이어 두면
억수 같은 비가 와도 탈이 생기지 않는 법
치열하게 수행으로 닦은 마음이
어찌 헛된 욕망에 젖어들 수 있으랴.

′ 목수가 지붕을 엉성하게 잇는다면, 비가 새는 것은 당연한 일이다. 이와 마찬가지로, 수행자가 마음을 허술하게 다

스리면 결국 탐욕, 분노, 어리석음 같은 삼독三毒은 물론, 헛된 욕망에 젖게 되어 깨달음의 지혜를 얻을 수 없다는 점을 부처님께서 비유적으로 설파하신 것이다.

여기에서 '엉성한 지붕'은 수행자의 허술한 마음 상태, '비'는 세속의 유혹과 욕망을 상징한다. 세상은 본디 탐욕과 번뇌로 가득 찬 곳이기에, 수행자가 마음을 단단히 붙들지 않으면 언제든 세속의 파도 앞에서 무력해질 수밖에 없다.

반면, 수행자가 마음을 빈틈없이 정비하고 치열하게 수행에 임한다면, 어떤 유혹과 시련 앞에서도 흔들리지 않고 욕망에 휘둘리지 않게 된다. 꾸준한 정진精進과 내면성찰을 통해 단단해진 마음은, 외부의 자극에도 항상 평정심과 자각을 유지할 수 있기 때문이다.

이처럼 수행은 일회성의 행위가 아니다. 그것은 철저하고 지속적인 마음의 정화이며, 늘 깨어 있는 삶이다. 우리가 날마다 마음의 지붕을 잘 잇고 빈틈없이 이어 간다면, 내면의 욕망도, 외부의 유혹도 더 이상 우리를 무너뜨릴 수 없다. 그러나 수행을 게을리하고 마음을 엉성하게 둔다면, 인생의 어느 순간 반드시 잘못된 길로 빠지고 말 것이다. 그러므로 사람은 자기 마음의 지붕을 항상 잘 이어야 한다. 그것이 곧 지혜로운 삶의 기초다.

미움과 화냄을 버려라

언제나 마음이 탐욕으로부터 벗어나 자유롭고
미움과 화냄을 깨끗이 버렸으며
선과 악을 초월하여
언제나 맑게 깨어 있는 성현聖賢에게선
티끌만한 두려움도 찾아볼 수 없다.

 ′성현聖賢이란, 세속적인 탐욕에서 벗어나 참된 자유와 평정심에 이른 자를 뜻한다. 탐욕은 인간의 삼독三毒 중 하나로써, 고통의 뿌리이자 윤회의 근원이다. 마음이 탐욕에서 벗어났다는 것은, 어떠한 외적 대상에도 집착하지 않고, 무소유無所有의 경지에 이르러 더 이상 '갖고자 하는 욕망'이 없는 상태를 의미한다. 이러한 자는 세상의 유혹에 흔들리지 않

고, 자기 안의 평온을 굳건히 유지한다. 또한 분노와 미움 역시 삼독 중 하나로, 인간의 마음을 무너뜨리는 가장 강한 독이다. 성인은 단지 분노를 억제하는 수준을 넘어서, 그 뿌리 자체를 뽑아냄으로써 더 이상 화낼 일이 없는 상태에 이른다. 그는 어떤 대상에도 분노하거나 미워하지 않으며, 모든 존재를 자비와 연민의 눈으로 바라보는 마음의 자리에 머문다. 이 자리가 곧 깨달음의 자리이다.

우리가 통상 말하는 선악善惡의 개념은 세속적 기준에 따른 이분법에 지나지 않는다. 그러나 깨달음을 이룬 이의 눈에는, 선도 악도 모두 인연 따라 일어나는 현상일 뿐, 붙잡아야 할 대상이 아니다. 그러므로 진정한 성현은 선에 집착하지 않고, 악을 두려워하지 않으며, 이 모두를 초월하여 지혜와 평등심으로 관조한다. 이것이 바로 불교에서 말하는 '중도中道', 즉 '선도 아니고, 악도 아닌 성현의 길'이다.

반야 般若

반야를 얻은 이는 집착을 끊은 사람,
고요한 그 마음 쾌락을 따르지 않네.
기쁨이 오건 괴로움이 오건
한결같은 평정심으로
마음의 동요가 없네.

˝반야般若란 곧 지혜의 완성을 뜻한다. 따라서 '반야를 얻은 이는 집착을 끊은 사람'이라는 구절은, 세상의 모든 현상이 무상無常하고 무아無我임을 꿰뚫어 본 궁극의 지혜를 가진 자를 가리킨다.

이러한 이는 어떤 대상에도 '나의 것'이나 '나'라는 집착을 두지 않는다. 왜냐하면 집착이란 곧 번뇌이며, 고통의 근원이기 때문이다. 즉, '반야를 얻었다'는 것은 모든 집착에서 벗어나 해탈의 경지에 이른 상태를 의미한다. 또한 '고요한 그 마음 쾌락을 따르지 않는다'는 구절은, 그가 감각적 쾌락이나 세속적 즐거움을 따라가지 않음을 말한다. 왜냐하면 그는 쾌락이 덧없고 무상한 것이며, 그 속에는 진정한 행복이 없다는 사실을 잘 알고 있기 때문이다. 그래서 그는 유혹이나 쾌락에도 흔들리지 않는 무욕無欲의 상태에 머무르며 마음은 언제나 고요하고 자유롭다.

'기쁨이 오건 괴로움이 오건 한결같은 평정심으로 마음의 동요가 없다'는 것은, 그가 삶의 모든 감정과 상황을 동등하게 바라보고, 기쁨에도 들뜨지 않으며 괴로움에도 무너지지 않는 평정심의 경지에 있음을 보여준다. 이것은 곧 중도中道, 즉 어느 한쪽에도 치우치지 않는 지혜로운 삶의 방식이다.

그러므로 수행자는 쾌락에 끌리지 않는 무욕의 삶, 기쁨과 고통을 초월한 평정심, 지혜로써 집착을 끊은 해탈의 상태를 유지함으로써 어떤 상황 속에서도 고요함과 자유로움을 잃지 않는 법을 배워야 한다. 이것이 반야의 길이요, 해탈의 문이다.

마음의 눈

모든 것을 자의적으로 판단하는 사람은
바른 눈을 가진 자가 아니다.
옳고 그름을 깨달은 법안法眼으로
판단을 해야 한다.
그래야만 진실로 마음의 눈을 가질 수가 있다.

'진리를 올바로 보는 눈'인 '법안法眼'에 대한 부처님의 가르침이 이 경구에 담겨 있다. 일반적인 사람은 사물과 현상을 자신의 기준과 감정에 따라 자의적으로 판단한다. 그러나 그런 판단은 대부분 '아상我相' 즉, '내가 옳다'는 자기중심적 집착에 근거한 것이며, 이로 인해 진실은 왜곡되고 마음은 흐려지게 된다. 부처님은 이러한 자의적 판단을 무명無明, 즉 깨닫지 못한 상태라고 하셨다.

진정한 수행자라면 치열한 수행과 내면의 정진을 통해 '법안法眼'을 갖추어야 한다. 이 법안은 단순한 지식이나 논리가 아닌, 번뇌에서 벗어난 마음, 그리고 자비와 지혜로써 사물을 통찰하는 눈이다. 곧, 이익이나 손해, 좋아함이나 미움 같은 감정에 흔들리지 않고, 모든 존재와 인연을 평등하고 공정하게 바라볼 수 있는 마음의 눈을 뜻한다. 이것이 곧 진실한 마음이요, 깨달음에 가까운 자의 자세이다.

그러나 현실에서 자신의 감정이나 논리에 빠지지 않고, 욕망에 휘둘리지 않는 삶을 산다는 것은 결코 쉬운 일이 아니다. 그렇기에 수행자는 반드시 인과因果, 무상無常, 무아無我, 연기緣起와 같은 불교의 근본 진리를 바르게 관찰하고 체득함으로써 지혜를 증득해야 한다.

결국, 법안法眼이란 세속적 기준이 아닌 진리의 이치에 따른 판단력을 의미한다. 참된 눈을 가진 자는 '나만 옳다'는 집착을 내려놓고, 자비와 지혜의 눈으로 세상을 평등하게 관조하는 사람이다. 이러한 이가 바로 진리를 꿰뚫어 본 수행자요, 성현의 길을 걷는 자라 할 것이다.

배움이 깊은 사람은

말재주가 있다고 해서
배움이 깊은 사람이 될 수가 없다.
미움과 두려움이 마음속에 일지 않는 이
그를 가리켜 배움이 깊다고 하리.

ˊ겉으로 말을 잘하고 지식이 풍부하다고 해서 그것이 곧 참된 배움이라고 할 수는 없다. 말재주는 타고난 재능일 수도 있고, 단지 습득된 기술에 불과할 수도 있다. 그러나 진정한 배움이 깊은 사람은 외적인 언변보다 내적인 마음의 평정과 통찰을 갖춘 이다. 이 경구에서 강조하는 바는, '미움과 두려움이 마음속에 일지 않는 이'야말로 배움이 깊은 사람이라는 점이다.

미움(진:嗔)은 삼독三毒 중 하나로, 마음을 어둡게 하고 타인과의 분리와 갈등을 낳는 독이다. 두려움 또한 집착과 무지에서 비롯되며, '나'라는 자아自我에 대한 집착이 클수록 더 강하게 일어난다. 이러한 미움과 두려움이 일어나지 않는다는 것은, 그 사람이 자기를 완전히 내려놓고 세상과 자신을 있는 그대로 받아들이는 지혜에 이르렀다는 뜻이다. 그런 자는 선악과 시비, 이익과 손해, 생과 사조차도 초월하여, 어떤 상황에서도 흔들림 없는 평정심을 유지한다.

부처님께서는 이러한 내면의 고요함과 번뇌 없는 상태, 곧 자비와 지혜로 가득한 마음을 참된 배움의 증표로 보셨다. 그러므로 수행자는 지식이나 논쟁에서 이기는 것을 추구하기보다, 미움이 없고 두려움이 없는 마음, 곧 해탈과 자각의 상태에 이르기 위해 끊임없이 정진해야 한다.

눈 밝은 사람

배움이 깊으나 임의대로 생각하지 않고
오직 깨달은 법과 평등심만으로
모든 중생을 이끌며
법과 지혜를 벗어나지 않는 사람
그를 눈 밝은 사람이라 하네.

′ 지혜로운 자란, 자신이 가진 지식과 배움을 자기 욕망이나 아집我執에 따라 사용하지 않는 사람을 말한다. 아무리 배움이 깊고 지식이 풍부하더라도, 그것을 자신의 감정이나 이익에 따라 자의적으로 해석하고 판단한다면, 그것은 참된 지혜라고 할 수 없다. 진정한 배움은 겸손과 실천, 그리고 바른 분별력으로 이어져야 한다.

또한 지혜로운 이는 부처님의 가르침인 연기緣起, 무상無常, 무아無我의 진리를 자각하여, 자비심과 평등심으로 세상을 바라본다. 그리고 중생들이 깨달음의 길에서 벗어나지 않도록, 그들을 이끌되, 법과 지혜, 자비에 입각하여 인도한다. 그 판단의 근거는 결코 자기 생각이나 감정이 아니라, 오직 불법佛法에 뿌리내린 자비로운 마음이다.

이러한 사람을 불교에서는 '눈 밝은 사람'이라 한다. '눈 밝다'는 것은, 세상의 겉모습이나 감정의 흐름에 흔들리지 않고, 사물의 본질을 꿰뚫어보는 지혜의 눈을 가진 사람을 뜻한다. 다시 말해, 그는 헛된 말이나 지식에 기대지 않고, 올바른 삶과 진리의 실천을 통해 살아가는 이다.

그러므로 이 게송은 단지 수행자에게만 해당되는 것이 아니라, 세속에서 지혜롭고 이로운 삶을 추구하는 모든 이들에게 깊은 울림과 방향을 제시해 준다. 세상에 흔들리지 않고 진리 위에 서서 살아가려는 모든 이에게, '눈 밝은 사람'의 모습은 하나의 본보기이자 궁극의 이상이다.

5장

정명正命

⋮

선하고 깨끗한 마음으로 살라

불법佛法을 닦으라

잠을 이루지 못하는 사람에게 밤은 길고
지친 나그네에게 길은 아득하듯이
불법을 모르는 어리석은 사람에게는
생사의 밤길은 멀고 아득하여라.

 '잠을 이루지 못하는 사람에게 밤은 길고, 지친 나그네에게 길은 아득하듯이'라는 구절은, 마음속에 괴로움이 깊은 사람에게 시간은 더디고 고통스럽게 느껴진다는 인간의 심리를 비유적으로 드러낸 말씀이다.
　어떤 이에게 밤은 고요하고 달콤한 휴식의 시간이지만, 잠 못 이루는 사람에게는 끝없는 고통의 시간이다. 길 또한 누구에게나 같지만, 지친 나그네에게는 한 걸음 한 걸음이 고통이고, 그 길은 끝없이 멀고 험난하게 느껴질 수밖에 없다.

부처님께서 이 같은 비유를 하신 이유는, 바로 다음의 말씀을 강조하시기 위함이다.

'불법을 모르는 어리석은 사람에게는 생사의 밤길은 멀고 아득하여라.'

여기서 불법佛法이란, 삶과 존재의 본질을 꿰뚫는 부처님의 가르침, 곧 깨달음으로 이끄는 길을 의미한다. 그리고 '생사의 밤길'이란, 삶과 죽음이 끊임없이 반복되는 윤회의 고통스러운 여정을 뜻한다.

즉, 불법을 배우지 못한 사람은 자신이 왜 고통받는지도 모른 채, 집착과 어리석음, 번뇌 속에서 헤매며 생사윤회의 어두운 길을 끝없이 걷게 되는 것이다. 이처럼 무명無明 속의 삶은, 잠을 이루지 못하는 밤과 같고, 지친 나그네가 끝없이 이어지는 길을 걷는 것처럼 막막하고 고단할 수밖에 없고 불법을 아는 자는 그 밤길에서 깨어나지만, 모르는 자는 그 어둠 속에서 헤매며 괴로움의 시간을 끝없이 반복하게 된다.

이 게송은 불법의 소중함과 깨달음의 길을 따르지 않는 삶이 얼마나 험난한지를 우리에게 깊이 일깨워준다.

마음을 닦으라

마음은 만유(萬有)의 근본,
나의 모든 것의 주인은 마음
모든 것이 마음으로 이루어지나니
마음 한가운데서 악한 생각이 일어나서
함부로 말하고 행동하게 되어
죄업과 괴로움도 뒤따라오게 된다.
마치 수레바퀴가
수레 끄는 자의 발길을 따라오듯이.

'만유(萬有)'란 이 세상과 우주 안에 존재하는 모든 사물과 현상을 말한다. 즉, 눈에 보이는 물질뿐만 아니라, 보이지 않는 감정·생각·시간까지 포함한 모든 존재를 가리킨다. 그런 만유의 근본인 '마음'이라는 것은, 이 세상 모든 존재의 움직임과 현상이 결국 마음에서 비롯된다는 깊은 통찰을 담고 있다.

곰곰이 생각해보면, 나라는 존재가 행하는 모든 말과 행동, 선택과 반응은 결국 마음에서 나온다. 마음이 없다면, 행위도 없고, 언어도 없으며, 삶도 존재하지 않는다. 그러므로 마음이 어떤 상태에 있느냐에 따라 삶 전체가 결정된다. 이 때문에 부처님은 '모든 것이 마음으로 이루어진다'고 말씀하셨다.

이처럼 모든 작용은 마음에서 생겨나 말과 행동으로 이어지며, 이것이 자아의 운명까지 결정짓게 된다. 따라서 마음은 현실을 창조하는 가장 깊은 바탕이요, 삶을 이끄는 뿌리다. 결국 세상의 본질은 바깥에 있는 것이 아니라 내 마음 안에 있는 것이다.

그러므로 게송에서 말하듯, '마음 한가운데서 악한 생각이 일어나서, 함부로 말하고 행동하게 되면, 죄업과 괴로움이 따라오게 된다.' 이는 단순한 윤리적 경고가 아니다. 부처님은 마음이 일으킨 선과 악의 원인을 통해 반드시 그 과보가 생겨난다는 인과법을 말씀하신 것이다. 악한 마음에서 비롯된 말과 행동은 반드시 자신에게 괴로움과 고통으로 되돌아오게 된다. 이 과보의 관계를 부처님은 '마치 수레바퀴가 수레 끄는 자의 발자취를 따르듯이' 한다고 비유하셨다. 수레바퀴는 수레를 끄는 자의 발을 따라 정확히 움직이며, 그 누구도 그 바퀴의 움직임을 피할 수 없다. 이처럼 마음이 지은 행위는 반드시 과보를 낳는다.

이 구절은 불교의 핵심 사상인 인과因果의 법칙을 명료하게 상징하는 표현이다. 따라서 수행자는 항상 자신의 마음이 어디로 향하고 있는가, 어떤 생각이 올라오는가, 어떤 말과 행동으로 이어지는가를 자각하며 살아가야 한다.

깨달음의 길

　허공虛空에는 눈에 보이는 길이 없으니
　큰 수행을 한 사람은 겉으로 드러나는 행동으로도 알 수 없다.
　삼계중생三界衆生과 환幻의 세계에서 기쁨을 구하나
　여래如來는 환의 세계를 완전히 벗어나 있으니

　허공에는 눈에 보이는 길이 없으니
　큰 수행을 한 사람은 겉으로 드러나는 행동으로도 알 수 없다.
　삼계三界 그 어느 곳에도 영원한 목숨은 없으며
　깨달은 사람, 불타佛陀에게도 오고 감이 없다.

˝허공은 텅 빈 하늘이기에 인간의 눈으로는 그 길을 볼 수 없다. 이는 곧 진리의 길은 감각이나 물질적 기준으로는 찾을 수 없으며, 단지 외형적으로는 판단할 수 없음을 상징적으로 보여주는 표현이다.

본디 사람은 겉모습이나 말과 행동만으로 그 수행의 정도를 판단할 수 없다. 왜냐하면 비록, 겉으로는 가난하거나 평범하게 보일지라도, 큰 수행자일 수 있기 때문이다.

그래서 부처님께서는 다음과 같이 말씀하셨다.

'행동으로 성인을 알 수 없고, 말로도 그 지혜를 단정할 수 없다.'

우리 인간은 욕계欲界, 색계色界, 무색계無色界 즉, 욕망, 물질, 정신이 지배하는 삼계 속에서 살아가면서 쾌락, 기쁨, 행복을 추구한다. 하지만 그것들은 모두 실체 없는 덧없는 '환상'일 뿐이다. 결국 우리가 추구하는 즐거움은 무상한 욕망의 그림자에 지나지 않는다.

하지만 여래如來, 즉 깨달은 부처는 쾌락이나 기쁨, 그리고 행복 같은 것을 이미 초월한 존재이므로 윤회와 생사, 번뇌가 있는 삼계에 머물지 않는다. 왜냐하면 삼계 안에서는 모든 존재는 태어나고, 변하고, 사라지므로 '영원한 나'도, '진정한 기쁨'도 존재하지 않으며, 삶은 그 자체로 고통의 바탕일 뿐이다.

그렇기에 여래에게는 더 이상 '오고 감來去'이라는 생사의 분별이 존재하지 않는 것은 물론, 자아에 대한 집착, 생사의 경계, 시작과 끝의 개념조차 없다. 그래서 여래는 '오고 감'이란 말조차 분별심에서 비롯된 허상이기에 갇히지도 않는다.

그러므로 진정한 수행의 길은 외부가 아니라, 자신 안의 '마음'에서 비롯됨을 깨달아야 한다.

자비를 실천하라

남을 비방하지 말라.
남을 해치지 말라.
계율을 지키고
음식과 잠을 알맞게 조절하고
고요한 마음으로 좌정坐定하며
진리를 참구參究하라.
이것이 부처님의 한결 같은 가르침이다.

˶ 불교의 가장 기본적인 계율 중 하나는 자비慈悲의 실천에 있다. 즉, 남을 비방하지 말고, 남을 해치지 말라는 것이다. 말로 남을 상처 입히는 '악구惡口'나, 행동으로 타인을 해치는 '살생'과 '폭력'은 모두 악업惡業을 짓는 행위이며, 그 과

보는 결국 자신에게 되돌아온다. 그래서 진정한 수행자란 말과 행동으로 누구도 해치지 않는 사람이다. 수행자에게 있어 가장 중요한 수행의 덕목은 계율戒律이다. 겉으로는 수행하는 척하면서도, 계율을 지키지 않고 탐욕·분노·어리석음을 따르며 사는 사람은 수행자의 본분을 잃은 것이다.

부처님께서도 당신을 따르는 제자들에게 가장 먼저 가르치신 것은 바로 계율이었다. 예를 들어, 음식과 잠을 알맞게 조절하라는 가르침 역시 탐식貪食과 나태함(타성:惰性)이 수행의 가장 큰 장애물이 되기 때문이다. 음식과 잠은 단지 수행을 위한 수단일 뿐 목적이 아니며, 절제된 삶은 마음을 고요하게 하고, 지혜를 밝히는 토대가 된다. 곧, 몸을 조절하는 것은 곧 마음을 조절하는 길이기도 하다.

그리고 언제나 고요한 마음으로 좌정坐定하며, 진리를 참구參究하는 것은 수행의 핵심이다. 좌정은 마음을 한곳에 모아 분별심과 번뇌를 가라앉히는 수행이며, 그 위에서 진리를 통찰하고 지혜를 일으키는 것이 불교 수행의 핵심 목표다.

연꽃

길가에 썩어 가는 저 쓰레기 더미
더러운 진흙탕 속에서도
지리 맑고도 고운 연꽃이 피어
그 향기, 눈 아리도록 번져 오듯이

눈멀고 어리석은
진흙탕 쓰레기 같은 사람들 속에서도
정각자正覺者 세존世尊의 바른 제자는 있네.
그가 고결한 지혜의 향기로써
어리석은 중생들을 깨우고 있네.

′ 연꽃은 더러운 진흙 속에서 피어나지만, 그 더러움에 물들지 않고 오히려 청정하고 고귀한 향기를 머금는다. 이는

번뇌와 어리석음이 난무하는 세속에서도 얼마든지 참된 수행자가 생길 수 있다는 불교의 깊은 상징이다.

세상에는 눈멀고 어리석은, 진흙탕 같은 삶을 살아가는 이들이 많다. 그들은 탐욕과 분노, 어리석음三毒에 휘둘려 괴로움 속에 산다. 그러나 그 어지러운 세속 속에서도 부처님의 바른 가르침을 따르는 제자, 즉 수행자는 존재한다. 그 수행자는 겉으론 평범해 보일지라도, 고결한 지혜와 자비의 향기를 지닌 존재로, 어리석은 중생들에게 영향을 미치고, 삶으로써 깨달음의 씨앗을 심는다.

여기서 말하는 '정각자正覺者'는 완전한 깨달음을 이룬 부처를 뜻하고, '세존世尊'은 세상에서 가장 존귀한 분, 즉 부처님의 존호이다. 그분의 가르침은 단지 말이나 문장에 머무는 것이 아니라, 살아 있는 삶 속에서 드러나는 향기와 같다.

그러므로 진정한 전법傳法은 말로만 이루어지는 것이 아니다. 수행자의 침묵 속 고결한 삶 그 자체가 중생을 일깨운다. 연꽃이 진흙을 딛고 피어나듯, 수행자는 세속 속에서 피어 세상을 향해 그 향기를 번지게 한다.

이 게송은 불교의 자비, 지혜, 그리고 수행자의 사명을 간결하면서도 시적으로 잘 나타낸 시편으로, 법화경과 숫타니파타의 가르침을 현대적으로 재해석한 것이라 할 수 있다.

기쁨의 길

내가 필요할 때 곁에 벗이 있다는 기쁨
나 스스로 만족할 줄 알면 언제나 기쁨
착한 업을 쌓아 두면 죽음의 순간에도 기쁨
그러므로 모든 괴로움을 다 여읜
열반은 더할 수 없는 기쁨.

❦

′ 인간관계에서 오는 따뜻한 기쁨은 고통이나 어려움 속에 있을 때 누군가 곁에 있어 주는 것만으로도 위안이 되며, 삶을 지탱하는 큰 힘이 된다. 불교에서는 이러한 존재를 선지식善知識이라고 한다. 우리가 수행의 길에서 바른 벗을 만나는 것은 매우 중요하다. 선지식은 단지 정서적인 위로를 주는 사람을 넘어, 바르게 수행을 이끄는 등불과도 같은 존재

라 할 수 있다.

그리고 사람이 아무리 높은 명예와 많은 재물을 가졌다고 해도 그 자체의 욕망에 끌려다니면, 오히려 자신에게 해가 됨은 물론, 그에 따른 고통도 끝이 없다. 그러나 내가 가진 것에 감사하고, 현재의 삶에 충실하다면, 그 자체가 스스로 만족하게 되어 기쁨이 된다. 이것이 바로 삶의 지혜이다.

평소 부처님께서는 제자들에게 '적게 욕망하고 만족할 줄 아는 소유지족의 삶'을 강조하셨다. 진정한 삶의 기쁨은 외부에서 얻어지는 것이 아니라, 내가 가지고 있는 마음의 자세에서 비롯된다는 것이다.

그리고 누구나 죽음을 맞는다. 선업은 단순히 내세의 복을 위한 것이 아니다. 살아있는 동안 착한 업을 많이 쌓아 온 사람은 죽음을 두려워하지 않고 고요하게 받아들일 수 있지만 그렇지 못한 사람은 두려울 수밖에 없다.

이렇듯 사람이 죽음 앞에서도 미소 지을 수 있다면, 그가 진정한 수행자의 모습이다. 그렇기에 선업은 자기가 살아온 삶을 정리하는 마지막 지혜로운 실천이다.

또한 열반이란 것은, 일시적으로 일어나는 감정이나 즐거움이 아니라 모든 괴로움과 번뇌가 사라진 상태이며, 생사윤회의 고통에서 완전히 벗어난 궁극의 자유이자 평화이다. 그러므로 열반의 경지에 이른 수행자는 기쁨이란 파도와 슬픔이란 파도에 결코, 휘둘리지 않으며, 오직 마음의 평온만이 존재한다.

죽음이란

생과 사의 긴 여정은 끝났다.
슬픔과 괴로움은 다하였으며
일체의 속박을 벗어난 아라한이여,
이 마음에 추호도
괴로움이 없음을 알았네.

 ′모든 중생은 오랜 윤회輪廻 속에서 끊임없는 생사生死의 고통을 겪으며 살아간다. 이 괴로움은 단지 육체적인 고통에 그치지 않고, 외로움, 슬픔, 불안, 후회, 두려움이라는 마음의 영역까지 아우른다.
 부처님께서는 이러한 중생의 삶 자체가 곧 고苦임을 아시고 '고집멸도苦集滅道 사성제四聖諦'를 통해 설파하셨다. 여기에서 고성제苦聖諦란 삶이 본질적으로 괴로움이라는 진리를 말하며, 집성제集聖諦는 괴로움의 원인인 갈애渴愛, 곧 집착과 욕망에 있음을 밝힌다. 하지만 그 괴로움은 소멸될 수 있으며[멸성제滅聖諦], 그 괴로움의 소멸로 나아가는 구체적 실천의 길이 바로 팔정도八正道[도성제道聖諦]라는 것이다.

그리고 수행자가 이 팔정도를 바탕으로 치열하게 정진하면, 마침내 괴로움의 뿌리를 완전히 끊고 열반涅槃의 경지에 도달하게 된다. 여기에 이른 자를 아라한阿羅漢이라고 한다. 그는 세속의 삼독인 탐욕, 성냄, 어리석음에 물들지 않고 모든 업業의 속박, 감각적 욕망, 자아에 대한 집착으로부터 완전히 벗어난 성자이다. 또한 '일체의 속박을 벗어난 아라한'이라는 표현은, 그가 생사윤회의 사슬을 끊고 괴로움의 원인으로부터 완전히 해탈했음을 강조한 것이다. 그리고 '이 마음에 추호도 괴로움이 없음을 알았네'라는 구절은 '털끝만큼의 번뇌조차도 남아 있지 않다'는 깊은 깨달음을 상징한다. 이는 곧 기쁨이나 슬픔, 애착이나 분노, 그 어떤 감정의 파도에도 흔들리지 않는 완전한 평정 속에 머물게 되었음을 의미한다.

이 게송은, 수행자가 모든 생사윤회의 여정을 마치고, 슬픔과 괴로움을 여읜, 궁극의 자유와 평화 곧 열반의 경지에 이른 상태를 찬탄하는 시적 표현이다. 열반은 단지 고요함이 아니라, 근원적인 해방이다. 그곳에는 더 이상 태어남도 없고, 죽음도 없으며, 분별도, 괴로움도 일어나지 않는 완전한 자유와 평화만이 존재할 뿐이다.

참된 스승

자기 자신을 가르치고 나서야
비로소 남을 가르칠 수가 있는 것
이같이 스스로를 교화教化할 줄 아는 스승이라면
그 누구에게라도 수모를 당하지 않으리라.

남을 가르쳐 깨치게 하려면
먼저 자기가 한 결심을 실천해야 하리.
다른 사람의 귀의歸依를 청하려 하거든
자신이 먼저 자기의 가르침에 귀의하듯
이 어려운 다짐을 먼저 해야 하리라.

'이 게송은 참된 스승의 조건과 수행자 자신이 먼저 본本을 보여야 한다는 불교적 가르침을 담고 있다.

'자기 자신을 가르치고 나서야 비로소 남을 가르칠 수가 있는 것'이라는 구절은, 스승이 되기 위해서는 먼저 자기 수양이 선행되어야 한다는 깊은 뜻을 내포한다. 불교에서 가르침을 전하는 스승이나 수행자는, 먼저 자신이 수행을 통해 바른 삶을 실천하고 깨달음의 길을 걷고 있어야 한다. 그렇지 않으면 그 가르침은 공허하거나 위선으로 비칠 수 있으며, 오히려 가르침의 본래 뜻을 훼손하게 된다. 즉, 자신이 먼저 진리의 본보기가 되어야만, 남에게도 바르게 법을 설할 수 있다는 것이다.

'이같이 스스로를 교화할 줄 아는 스승이라면, 그 누구에게라도 수모를 당하지 않으리라'는 구절은, 자신을 먼저 다스릴 줄 아는 사람은 타인에게도 신뢰와 존경을 받으며, 결과적으로 비난이나 수모로부터 자유로울 수 있다는 뜻이다. 그래서 게송은 '남을 가르쳐 깨치게 하려면, 먼저 자기가 한 결심을 실천해야 한다'고 강조한다. 실천 없는 가르침은 공허하며, 자신이 결심한 바를 먼저 행동으로 보일 때만이 남에게 감화를 줄 수 있는 진정한 가르침이 된다는 것이다. 또한 '다른 사람에게 귀의歸依를 청하려면, 자신이 먼저 가르침에 귀의하듯 어려운 다짐을 먼저 해야 하리라.'는 구절은, 스스로에 대한 자각과 내면의 헌신을 요구한다. 여기서 귀의歸依란, 부처님〔불佛〕, 가르침〔법法〕, 승가〔승僧〕즉 삼보三寶에 마음을 의탁하고 따르는 것을 말한다. 남에게 귀의를 권하기에 앞서, 자신이 먼저 그 가르침에 전심으로 귀의하며 살아가고 있는가를 돌아보아야 한다. 이것은 단순한 말이나 권유가 아니라, 진정성 있는 수행자의 내면에서 우러나오는 깊은 결단과 실천이 있어야만 가능한 일이다.

이러한 가르침은 오늘날에도 여전히 유효하며 보편적이다. 교육자, 지도자, 부모, 종교인 등 타인에게 영향을 미치는 모든 사람에게 적용된다. 오늘날 우리는 말보다 행동, 이론보다 실천, 강요보다 본보기가 중요한 시대를 살고 있다. 이 게송은 우리에게, 참된 가르침은 말이 아니라 실천이며, 가르침을 전하려면 먼저 그것을 살아내야 한다는 근본 진리를 일깨워준다.

인생을 허비하지 말라

인생을 부질없는 것에 허비하느라
수행을 하지 않은 사람,
진정한 삶의 과녁을 버리고
쾌락만을 즐기던 사람은
세월이 흘러가면 마침내 부러워하리.
올바른 수행을 위해 온몸을 바친 이들을.

′한평생을 살면서 인생을 부질없는 것에 허비하는 이들이 많다. 이 게송은 그런 사람들에게 삶의 본질적인 목적과 수행의 중요성을 일깨워주는 불교적 가르침을 담고 있다.
　인생은 짧고 유한하다. 그런데도 사람들은 삶의 진정한 가치를 보지 못한 채 내면의 평화나 영적인 성장에는 관심조차 기울이지 않고, 오직 외적인 즐거움과 일시적인 만족만을 좇다가 소중한 생을 허비한다.

여기서 말하는 '진정한 삶의 과녁'이란 곧 깨달음, 해탈, 수행, 그리고 진리의 길을 의미한다. 그러나 이같은 진리의 길을 외면한 채 육체적 쾌락이나 세속적 성공만을 좇는 삶은 결국 공허해지고, 늙어서 병과 죽음이 찾아올 때 비로소 깨닫게 되지만 이미 늦다.

'세월이 흘러가면 마침내 부러워하리, 올바른 수행을 위해 온몸을 바친 이들을'이라는 구절은, 그런 깨달음을 뼈아프게 마주한 사람의 후회를 단적으로 말해준다. 그리고 마침내 오직 쾌락에만 빠져 살던 사람들은 '세속의 즐거움은 결국 덧없다'는 것을 깨닫게 되고 삶이 얼마나 허무한 것이었는지를 알게 된다.

하지만 수행의 길은 비록 고되더라도 마음을 자유롭게 하고 괴로움의 뿌리로부터 해탈하게 한다. 그리고 그러한 수행자들의 모습은, 세속에 사는 이들에게 깊은 울림과 반성과 부러움을 불러일으킨다.

이 게송은 우리 모두에게 묻는다. 지금 당신의 삶은 어디를 향하고 있는가? 여기에서 말하는 '진정한 삶의 과녁'이란 불교에서 말하는 깨달음일 수도 있고, 혹은 내면을 가꾸는 윤리적인 삶일 수도 있다. 중요한 것은, 그 삶이 쾌락이 아닌 진리를 향하고 있느냐는 점이다. 늦기 전에 삶의 방향을 점검하라. 이것이 우리에게 전하는 깊은 메시지다.

그릇된 생각 1

오히려 부끄러워할 것도 아닌데 부끄러워하고
정작 부끄러워해야 할 일인데도
부끄러워하지 않는 사람들은
그 잘못된 견해와 사념에 매여
결국에는 삼악도三惡道에 떨어지고 만다.

사람들은 대개 옳고 그름, 선악에 대한 분별심에 있어 명확한 기준을 세우지 못한 채 살아간다. 그러다 보니 '오히려 부끄러워할 것도 아닌데 부끄러워하고, 정작 부끄러워해야 할 일인데도 부끄러워하지 않는' 어리석은 행동과 생각을 반복한다. 이것이야말로 무명無明(근본적인 어리석음)에 빠진 중생의 전형적인 모습이며, 도덕적 기준이 뒤바뀐 채 살아가는 상태를 잘 드러낸다.

예를 들어, 어떤 사람은 착한 일을 해놓고도 사회적 시선이나 왜곡된 문화적 분위기 때문에 오히려 부끄러워하며, 반대로 탐욕, 거짓, 방탕한 삶을 살면서도 그것을 자랑스럽게 여기거나 아무렇지 않게 받아들인다. 이는 부끄러움의 감각이 전도顚倒된 상태, 곧 내면의 도덕적 나침반이 망가진 상태이며, 수행자든 일반인이든 반드시 경계해야 할 심각한 마음의 병이다. 이것을 불교에서는 '참괴慙愧'라고 말한다. '참慙'은 스스로를 돌아보며 잘못을 부끄러워할 줄 아는 마음, '괴愧'는 다른 사람이나 하늘을 의식해 부끄러움을 아는 마음이다. 이 두 가지 마음은 도덕성과 수행심의 기초이며, 인간이 악행을 저지르지 않게 막아주는 방파제와 같은 역할을 한다. 그래서 불교에서는 '참괴심이 없는 자는 짐승과 다를 바 없다'고 말한다. 즉, '참괴'의 마음이 있는가 없는가에 따라 인간과 짐승을 가르는 기준이 된다는 것이다.

이처럼 게송은 잘못된 견해와 사념에 매여 살아가는 사람은 결국 삼악도三惡道에 떨어지고 만다고 경책한다. 삼악도란 지옥, 아귀, 축생의 세 가지 고통스러운 세계를 뜻하며, 이는 악한 업보業報로 인해 윤회하게 되는 결과이다.

결국, 바른 분별이 없는 삶, 부끄러움을 모르는 삶은 자신도 모르게 악업을 쌓게 만들고, 그것이 결국 고통스러운 윤회의 결과로 되돌아오게 된다는 것이 부처님의 경고이다.

이 게송은 오늘날에도 유효한 교훈을 담고 있다. 왜곡된 가치관, 뒤바뀐 도덕의식, 무감각한 양심은 개인과 사회 모두를 병들게 한다. 부끄러워할 줄 아는 마음, 즉 참괴심을 갖는 것이야말로 인간답게 사는 길이며, 올바른 수행과 진정한 삶의 첫걸음임을 일깨워주는 깊은 불교적 가르침이다.

그릇된 생각 2

오히려 두려워할 필요가 없는데도 두려워하고
정작 두려워해야 할 것은 두렵지 않게 생각하는 사람들은
이 전도顚倒된 생각과 사심에 매여
결국에는 미천한 윤회의 세계에 떨어지고 만다.

′ 사람들은 세상을 살아가면서 정작 두려워할 필요가 없는 것에는 두려움을 품고, 반대로 정말로 두려워해야 할 것에 대해서는 아무렇지 않게 생각하는 경향이 있다. 이러한 전도된 인식은 게으른 수행과 무지, 집착으로 인해 지혜가 부족해진 결과이며, 그로 인해 걱정할 필요가 없는 일에는 괜한 집착으로 근심을 쌓고, 반대로 정작 신중히 다뤄야 할 일은 가볍게 여기다가 결국 잘못된 결과로 빠지게 된다.

물론, 사람은 무엇이 자신에게 해로운지 스스로 판단하기란 무척 어렵다. 그러나 치열한 수행을 통해 마음을 단련하면, 욕망, 탐욕, 분노, 무지 등이 삶을 해롭게 하는 독과 같음을 깨닫게 되고, 그것들을 경계하고 멀리해야 한다는 것을 인식하게 된다. 그러나 자기 공부에 게으른 사람들은 그런 것들을 오히려 당연한 삶의 일부로 여기고, 즐기려 한다. 이러한 태도는 마치 독을 꿀처럼 여기는 것과 같아, 자신을 해친다는 것을 모른다.

여기에서 전도顚倒된 생각이란, 뒤바뀐 인식이나 잘못된 견해를 말한다. 예를 들어, 무상을 상常이라 여기거나 고통을 즐거움이라 착각하며, 불순한 것을 아름답다고 여기며, 실체 없는 자아를 참된 자아로 착각하는 것 등이 이에 해당한다. 여기에 이기적 욕망까지 더해지면, 결국 진리를 보지 못하고, 고통의 윤회인 삼악도에 떨어지게 된다. 이것은 단순히 불교에서 말하는 지옥이 아니라, 현실 속에서 반복되는 고통과 번뇌의 삶을 의미한다.

그러므로 사람은 마땅히 세상을 바로 보는 눈, 즉 지혜로운 안목을 길러야 한다. 그 방법은 오직 자기 마음을 수양하고 다스림으로써, 내면에서 지혜를 증득하는 것뿐이다.

내적內的인 존경

마음속에는 시기심과
탐욕이 가득하고
남에게는 부정직한 사람이
빛나는 말솜씨나
그럴듯한 외모만으로
존경을 받을 수는 없다.

′참된 존경은 말솜씨나 겉모습에서 나오는 것이 아니라, 내면의 진실성과 청정함으로 평가받아야 한다는 것이 부처님의 가르침이다.

사람의 인격은 외모나 언변으로 결정되지 않는다. 겉으로는 고귀한 체하지만, 속으로는 탐욕과 시기심이 가득하고 자신과 타인에게 정직하지 못한 사람은 비록 일시적으로 타인의 마음을 현혹해 존경을 얻을 수 있을지 모르나, 그 존경은 오래 지속되지 않으며 결국 타인의 신뢰를 잃고, 스스로에게도 해를 끼치게 된다. 이처럼 겉과 속이 다른 사람은 근본적으로 가까이하지 않는 것이 바람직하다. 아무리 외형이 빼어나고 말이 유창해도, 내면에 시기심이 가득하고 행동이 도덕적 기준을 벗어난다면 사람들로부터 신뢰받을 수 없다. 참된 존경은 내면의 진실함과 도덕적 인격에서 흘러나온다는 것을 우리는 명심해야 한다.

더욱이 요즘 시대는 남의 성공을 시기하고 타인의 것을 탐내며, 겉치레와 외형적 포장에 집착하는 경향이 짙다. 그럴수록 우리는 자신의 내면을 깊이 들여다보는 성찰이 필요하다. 강조하자면 참된 존경은 겉으로 드러나는 말솜씨나 외형이 아니라, 침묵 속에서도 은은히 빛나는 마음의 향기에서 비롯된다. 이 경구는 우리에게 다음과 같은 깊은 질문을 던진다.

"진정한 인간됨의 가치는 어디에 있는가? 어떤 사람이 존경받을 자격이 있는가?"

나를 경계하라

마치 변방의 성을 굳게 굳게 지키듯이
자기 자신을 빈틈없이 경계하라.
한순간도 이를 놓쳐서는 안 되며
놓쳐버린다면 그 한순간
지옥의 고통 속에서 통곡하리라.

♧

　이 경구는 수행자의 마음가짐과 자기관리의 중요성을 강조하는 부처님의 경책이다. 변방의 성은 늘 적의 침입에 노출되어 있기에 한순간의 방심도 용납되지 않는다. 이와 마찬가지로, 깨달음의 길을 가는 수행자 역시 자신의 마음을 순간순간 들여다보아야 하며, 번뇌와 악한 생각이 침입하지 않도록 항상 깨어 있어야 한다. 사람의 마음은 언제나 욕망과 무지, 혼란스러운 사념의 침입을 받고 있다. 이처럼 마음은 늘 외부와 내부의 무명無明에 노출된 경계선이기에, 수행자는 그 흐름을 관찰하고, '지금 이 순간'에 깨어 있어야 한다. 잠시의 방심이 곧 어리석은 행위로 이어지고, 이는 결국 오랜 고통으로 되돌아올 수 있다. 마음을 함부로 방치하고 욕망에 끌려간다면, 그것은 마치 지옥과 같은 삶으로 이어질 수 있다. 그래서 수행자는 찰나의 방심조차 경계하며, 늘 자기 안을 비추는 삶을 살아야 한다.

그러나 이 가르침은 비단 수행자에게만 해당되는 것이 아니다. 모든 사람에게 적용되는 보편적 진리다. 자기 성찰 없는 삶은 방향을 잃기 쉽고, 순간의 무의식은 결국 파멸로 향하는 씨앗이 될 수 있다. 따라서 우리는 항상 깨어 있어야 하며, 자기 마음을 바라보는 내면의 수호자로 살아야 한다. 그것이 고통을 이겨내는 길이며, 또한 삶을 올곧게 살아가는 지혜이다.

이런 사람이 있는가

있는가.
자신의 모습을 보고 부끄러움을 깨달아
스스로 뉘우치며 나아가는 사람,
이 세상에 이런 사람이.
채찍질도 필요가 없는 명마名馬와 같은 사람이.

있는가.
채찍의 그림자만 보아도
앞으로 질주하는 명마와 같이
생사윤회의 고통을 느끼는 순간,
신심을 가지고 계를 지키며 앞으로 나아가
더욱 정진하고 오직 바른 신념을 택하여
지혜를 스스로 인식하여 보고
단숨에 생사의 고통을 떨쳐
다시는 퇴락하지 않을 정법을 얻을 장부가.

˒ 이 게송은 진정한 수행자의 자질과 깨달음에 이르는 자세를 선문답의 형식으로 비유적으로 표현한 글이다. 항상 깨어 있는 사람은 자기 자신을 관찰하며, 무엇이 옳고 그른지를 분별하고, 잘못된 것을 부끄럽게 여겨 스스로 뉘우치며 정진한다.

이러한 사람에게는 채찍질이나 외부의 강요가 필요 없다. 그는 이미 '길을 따르는 명마名馬'처럼 자각과 정진의 자질을 갖춘 존재이며, 어떤 상황에서도 스스로를 돌아보고 깨우칠 줄 아는 능력을 지닌다.

나아가 채찍의 그림자만 보아도 움직이는 명마처럼, 실제로 고통을 겪지 않더라도 생사윤회의 고통을 예리하게 인식한다. 그리고 그 고통에서 벗어나고자 신심信心을 가지고 계율을 지키며 수행에 나선다. 그는 바른 신념을 품고, 단숨에 생사의 고통을 떨쳐 다시는 번뇌로 퇴락하지 않는 지혜를 얻는다. 이러한 사람을 진정한 장부丈夫이자 참된 수행자라 할 수 있다.

결국, 진정한 수행자는 높은 법문이나 특별한 가르침이 없어도 자신의 내면을 잘 성찰함으로써 바른길을 걸어간다. 이것이야말로 수행의 진정성이며, 깨달음의 본질이다.

그러나 이 게송에서 말하는 명마의 비유처럼, 스스로 바른 길을 찾아가는 일은 깊은 자기 성찰 없이는 결코 불가능한 일이다.

나를 사랑하라

나는 이 세상에서 가장 소중한 존재
자기를 진정으로 사랑한다면
세 때 중 한때만이라도
깨어 있어 스스로를 지켜야 한다.

 종교와 철학에서 가장 오랫동안 탐구된 질문 중 하나는 바로 '나라는 존재는 무엇인가?'이다. 동양 철학에서는 이 질문이 참나의 탐구로 이어졌고, 서양 철학에서는 데카르트의 '나는 생각한다, 고로 존재한다Cogito, ergo sum'라는 명제로 귀결되었다. 이처럼 '나'라는 존재에 대한 물음은 동서양을 막론하고 인간 존재의 핵심을 꿰뚫는 화두였다.
 일반적으로 '나'는 이름이나 직업, 사회적 역할 등으로 나

타나는 현상적 자아와 존재의 이유와 삶의 의미를 묻는 실존적 자아, 그리고 불교에서 '나는 누구인가?'라는 끝없는 물음을 통해 도달하고자 하는 궁극의 자아가 있다. 이런 관점에서 보면, '나'는 단순히 육체나 이름으로 정의될 수 있는 것이 아니라, 의식 그 자체이거나, 그 너머에 있는 무엇일지도 모른다는 것이다.

또한 불교에서는 이러한 '나'에 대해 고정된 실체가 아니리고 정의한다. '나'라는 존재는 마치 하늘에 떠 있는 구름처럼 한곳에 머무르지 않고, 인연 따라 흘러가는 한 조각의 파동일 뿐이다. 그래서 '무상無常 무아無我'라고 하며, 고정된 자아에 대한 집착에서 벗어나는 것을 수행의 핵심으로 삼는다. 즉, '나'라고 여겨졌던 모든 것이 실체가 아님을 꿰뚫어 보는 것이 진정한 깨달음으로 향하는 길인 것이다.

그럼에도 한 가지 분명한 사실이 있다. 그것은 바로 '나는 이 세상에서 가장 소중한 존재'라는 점이다. 이는 이기심에서 비롯된 말이 아니라, 존재로서의 자기 가치를 온전히 인정하고 존중하라는 뜻이다. 자신을 소중히 여기는 태도는 자존감의 표현이며, 동시에 깊은 자각自覺의 상태이다. 그런 나 자신을 진정으로 사랑한다면, 세 때 중 단 한때만이라도 스스로 깨어 있으라는 이 가르침은 귀하게 다가온다.

여기서 말하는 '세 때'는 과거·현재·미래일 수 있으며, 아침·오후·저녁일 수 있고, 인생의 시기인 청년·장년·노년을 의미할 수도 있다. '단 한때만이라도'라는 표현은 항상 깨어 있지는 못하더라도, 적어도 어느 한순간만큼은 자기를 돌아보며 깨어 있으라는, 즉 끊임없는 자기 성찰의 중요성을 일깨우는 말이다. 결국, 참된 삶이란 자아에 대한 깊은 물음과 함께, 자신을 소중히 여기는 동시에 그 실체 없는 자아를 꿰뚫어 보는 이중의 길 위에 놓여 있는 셈이다.

육근六根을 다스려라

부정스런 내 몸뚱이 청정하고 좋은 것이라 잘못 여겨
육근六根을 다스리지 않고 제멋대로 내버려두며
먹고 마시는 것을 절제하지 않고 맘대로 하며
게으르고 나약하여 용맹심勇猛心조차 없으면
멀지 않아 삿된 마에 꺾이기 쉬우리라.
마치 여리고 연약한 초목이 폭풍에 넘어지듯이.

이 몸뚱이 잘 다스려 그 부정함을 바로 알아
능히 육근을 안으로 다스려 거둬들이고
음식을 가리고 먹으며 때와 양量을 알맞게 조절하고
늘 최선으로 정진하는 사람이라면
삿된 마도 결코 그를 흔들 수 없으리.
마치 거센 바람에도 꿈쩍하지 않는 바위산처럼.

불교에서는 인간의 고통과 번뇌가 대부분 여섯 가지 감각기관과 이들이 인식하는 외부 대상의 접촉에서 비롯된다고 본다. 이를 각각 육근六根과 육경六境이라고 한다. 그리고 이 만남을 통해 발생하는 인식 작용을 육식六識이라고 정의한다.

육근은 다음과 같다.

'안근眼根'은 눈으로 색色을 보는 것, '이근耳根'은 귀로 소리聲를 듣는 것, '비근鼻根'은 코로 냄새香를 맡는 것, '설근舌根'은 혀로 맛味을 느끼는 것, '신근身根'은 몸으로 촉감觸을 느끼는 것, '의근意根'은 마음으로 법法을 구하는 것으로 생각·개념·기억 등의 내면적 대상을 인식하는 것을 말한다.

이렇게 육근과 육경이 접촉하여 생기는 것이 바로 '안식, 이식, 비식, 설식, 신식, 의식', 곧 육식이다. 이 육식이 작용하면서 인간은 끊임없이 분별하고, 그로 인해 애착과 혐오, 집착과 번뇌가 생겨난다. 바로 이것이 고통의 시작이다.

결국, '나'라는 존재는 육근과 육경, 그리고 그로부터 발생하는 육식의 복합적인 작용으로 이루어졌다고도 볼 수 있다. 그렇기에 수행자가 해탈을 얻으려면 먼저 자신의 육근을 잘 다스려야 한다. 감각기관이 외부 자극에 끌려 쾌락을 좇지 않도록 조절하고, 방탕하지 않는 삶을 살아야 한다. 그리고 내면을 끊임없이 관찰함으로써, 감각과 욕망의 노예가 되지 않고 그 본질을 꿰뚫어볼 수 있어야 한다는 것이다.

이와 관련해, 어떤 선지식은 육근을 '생사의 문'이자 '해탈의 문'이라 하였고, 또 어떤 이는 '여섯 도둑놈', 혹은 '여섯 마리 짐승'이라고 비유하기도 했다. 그만큼 육근을 제대로 다스리지 못하면 수행의 길은 멀어지고, 오히려 그것에 끌려 다니다가 결국 고통 속에 머물게 된다는 뜻이다.

따라서 이 경구는 수행자에게 몸과 마음을 어떻게 다스려야 하는지, 그리고 그 결과가 어떻게 달라지는지를 명확하게 대비시켜 보여준다. 육근을 방일하면 탐욕과 번뇌에 빠지게 되며, 이를 잘 단속하면, 해탈의 길이 열리게 됨을 강조하고 있다.

방만하지 말라

방만하지 말라.
그대 자신의 마음을 다스려라.
늪 속에 빠진 코끼리가
늪을 헤어나듯이
악惡 속에서 그대 자신을 구출하라.

′ 이 글은 마음의 흐트러짐과 욕망에 빠진 삶의 위험성, 그리고 스스로의 힘으로 그 상태에서 벗어나는 수행의 필요성을 강조한다. 우리가 세상을 살아가면서 가장 중요한 것은 자신의 마음을 다스리는 일이다. 삶의 중심을 잃고 방탕하거나 욕망에 휘둘리면 내면은 혼란에 빠지기 쉽다.
 불교에서 '마음'은 모든 행위와 업業의 근원이다. 마음을 다스리지 못하면 탐욕, 분노, 어리석음에 사로잡히고, 그 결과 고통이 뒤따른다. 진정한 수행이란 외적인 행위가 아니라, 자기 마음을 통제하고 깨닫는 일이다.

'늪 속에 빠진 코끼리가 늪을 헤어나듯이'라는 구절에서 '늪'은 번뇌, 악행, 욕망, 무명無明과 같은 정신적 장애를 의미한다. 아무리 힘센 코끼리라 해도 늪에 빠지면 쉽게 빠져나오지 못하듯, 아무리 능력 있는 사람이라도 마음을 다스리지 못하면 악에 빠질 수 있다. 그러나 의지와 지혜로 늪을 벗어나듯, 우리도 노력하면 그 상태에서 벗어날 수 있다.

'악惡 속에서 그대 자신을 구출하라'는 말은, 구원은 외부가 아닌 자기 자신으로부터 시작된다는 불교적 가르침을 담고 있다. 스승은 길을 보여줄 수는 있어도, 그 길을 걷는 것은 오직 자기 자신이어야 한다.

결국 이 글은, 항상 깨어 있는 마음으로 자신을 살피고, 욕망과 혼란의 늪에서 스스로를 건져낼 때 비로소 진정한 해탈과 자유에 이를 수 있다는 깊은 통찰을 전하고 있다.

6장
정정진 正精進

：

선한 마음을 항상 유지하고
악한 마음을 없애라

마음 집중 1

마음집중正念이 생사를 벗어나는 길,
마음집중하지 못한 중생은 생사에 묶여 있네.
마음집중하면 생사마저 초월하는데
정념을 모르면 이미 죽은 것과 같네.

' 불교 수행의 핵심은 '정념正念'에 있다. 정념이란 자신의 마음 상태를 '있는 그대로 알아차리고, 매순간 깨어 있는 상태'를 말한다. 우리가 겪는 모든 괴로움은 대개 무명無明(어리석음)과 집착에서 비롯되며, 이는 생사윤회를 반복하게 만드는 근본 원인이다. 따라서 '마음집중正念이 생사를 벗어나는 길'이라는 구절은, 정념이 생사의 굴레를 벗어나는 핵심 열쇠임을 알려준다. 그렇기에 정념이 깊어질수록 우리는 욕망과 번뇌의 실상을 꿰뚫어보게 되며, 결국 생사의 속박에서 벗어날 수 있다. 반면, 정념을 실천하지 못한 중생은 욕망, 분노, 망상에 휘둘리며 업業을 계속 쌓게 되고, 그 결과 무의식적인 고통을 반복하는 삶을 살아갈 수밖에 없다. 여기서 '중생'이란 아직 깨달음에 이르지 못하고 번뇌 속에 살아가는 존재를 의미한다.

하지만 중생이라도 정념을 실천하게 되면, 생사마저 초월할 수 있다. 정념 수행은 단순히 마음의 평온을 얻는데 그치지 않고, 존재론적 해방, 즉 생사의 속박을 완전히 끊는 열반의 경지로 나아가는 길이기 때문이다.

그래서 '정념을 모르면 이미 죽은 것과 같다'는 말이 나오는 것이다. 여기서 '죽음'은 단순한 생물학적 죽음을 뜻하는 것이 아니라, 의식이 어둠에 갇힌 상태, 즉 무명 속에 잠긴 삶을 의미한다. 이 경구는 정념 없이 살아가는 사람은 욕망과 감정, 습관에 끌려다니는 인형 같은 삶을 살며, 그것은 참된 삶이 아닌 어둠 속의 삶이라는 깊은 통찰을 담고 있는 동시에 우리에게 '지금 이 순간 깨어 있으라'는 강력한 수행적 메시지를 전하고 있다.

마음집중 2

지혜로운 사람은 세심한 마음집중으로
적멸의 열반을 얻어내느니
열반은 일체의 구속으로부터 벗어난 마음자리
위없는 즐거움이며 큰복이어라.

이러한 진리를 확연히 깨달아
언제라도 마음집중을 놓치지 않는 현자賢者는
법法의 즐거움과 선열禪悅을 구하지 않아도 누릴 수 있으며
또한 영원히 해탈의 길에서 한가로이 노닌다.

ˊ 이 게송은 지혜, 마음집중(정념), 열반, 그리고 해탈의 자
유로움이라는 불교의 핵심 교리를 시적이면서도 간결하게

압축하여 전하고 있다.

첫 구절 '지혜로운 사람은 세심한 마음집중으로 적멸의 열반을 얻는다'는 구절은 불교 수행의 핵심인 '정념正念'과 '정정正定', 즉 바른 마음챙김과 바른 집중의 중요성을 강조한다. 여기서 말하는 지혜로운 이는 단지 지식이 많은 사람이 아니라, 자신의 마음을 끊임없이 관찰하고 집중함으로써 진리를 체득하는 사람이다. 그는 세심한 정념을 지속적으로 실천하며, 그 결과로 모든 괴로움이 사라진 적멸寂滅, 곧 열반涅槃의 경지에 도달한다.

'열반은 일체의 구속으로부터 벗어난 마음자리, 위없는 즐거움이며 큰 복이다'라는 구절은 열반의 본질이 곧 '마음의 해방'임을 분명히 드러낸다. 이 '구속으로부터 벗어난 마음자리'란 더 이상 욕망, 집착, 무명無明, 업業 등에 얽매이지 않는 상태를 의미한다. 열반은 단지 고통의 소멸에 그치지 않고, 가장 깊은 평온과 자유의 경지이며, 세속적인 즐거움과는 비교할 수 없는 '위없는 즐거움'이라고 찬탄하고 있다. 이는 세간의 공덕이나 행운과는 차원이 다른, 궁극적 복덕福德의 완성이다.

'이러한 진리를 확연히 깨달아 언제라도 마음집중을 놓치지 않는 현자'라는 구절은 수행자의 삶의 자세를 본질적으로 보여주고 있다. 열반이라는 진리를 단순히 지적으로 아는 것을 넘어, 온몸과 마음으로 체험한 현자는 일상 속에서도 끊임없이 자신의 마음을 살피며 흐트러짐 없이 순간순간 정념을 놓치지 않는 삶을 산다. 이러한 사람은 단순한 철학자가 아니라, 삶 그 자체가 수행인 참된 현자賢者라고 할 수 있다.

'법法의 즐거움과 선열禪悅을 구하지 않아도 누릴 수 있으며, 또한 영원히 해탈의 길에서 한가로이 노닌다.'라는 마지막 구절은 해탈의 자유로움과 충만함을 시적으로 표현하고 있다. 이 단계에 이른 수행자는 일부러 법의 가르침이나 선정의 기쁨을 더는 구하지 않아도, 그것이 이미 자신의 존재 안에 자연스럽게 머물고 있기에 늘 누리게 된다. 이는 노력으로 쟁취하는 기쁨이 아니라, 존재 자체가 깨어 있음에서 비롯된 기쁨이다. 그리고 그는 더 이상 어떤 것에도 얽매이지 않으며, 해탈의 세계 속에서 마치 바람처럼, 구름처럼 여유롭게 살아갈 수 있다.

이 게송은 수행자에게 매우 실질적이면서도 강한 메시지를 전한다. 정념을 놓치지 않는 삶이야말로 지혜와 자유로 나아가는 길이며, 그 길은 단지 고행과 노력의 결과가 아니라, 결국 존재의 평온과 한가로움 속에서 열리는 길임을 깨닫게 한다.

마음을 바로 세우라

제멋대로 달아나는 내 마음을 그냥 두지 말라.
쾌락을 탐닉하는 그 마음을 두지 말라.
내 마음을 붙잡고 깨달음의 지혜를 키워가면
마침내 형언할 수 없는 적멸의 기쁨에 도달하리니.

저 홀로 끝없이 움직이는 이내 마음이여,
형상도 없는 것이 내 몸속에 숨어 들었네.
바로 이놈을 잡아서 요절을 내는 사람은
염라왕閻羅王의 사자使者도 어찌하지 못하리라.

갈팡지팡 붙들기 힘든 이 마음은
한시도 쉬지 않고 쓸 때 없는 온갖 것에 기웃된다.
이런 마음을 다스리는 것은 진정으로 뛰어난 것
그 마음이 진실로 행복을 불러올 것이니.

갈팡지팡 흔들리기 쉬운 이 마음을

스스로 지키고 다스리기란 어려운 일이 아니다.
지혜로운 사람은 그것을 다스려 옳게 할 수가 있나니
마치 솜씨 좋은 장인이 굽은 화살을 바르게 하듯이.

오묘하고 미세하여 볼 수도 없는 마음이여
끊임없이 쾌락만을 좇아 헤매고 배회하네.
지혜로운 사람은 이 마음을 견고하게 사로잡네.
그 마음이 진실한 행복을 가져오리라.

무분별하고 한량없는 세월을
이 마음은 가는 대로 쏘다니며 허비했네.
나 이제 이놈을 잡아 철저히 다스리리라.
마치 조련사가 쇠꼬챙이로 난폭한 코끼리를 길들이듯이.

✓ 이 게송은 부처님의 가르침 가운데 핵심이라 할 수 있는
'마음 다스림'을 시적으로 풀어낸 것으로써 마음의 본성과

위험성, 그리고 그러한 마음을 길들임으로써 얻는 지혜와 해탈, 나아가 참된 행복의 가능성을 강조하고 있다.

'제멋대로 달아나는 내 마음을 그냥 두지 말라. 쾌락을 탐닉하는 그 마음을 두지 말라. 내 마음을 붙잡고 깨달음의 지혜를 키워가면, 마침내 형언할 수 없는 적멸의 기쁨에 도달하리니.'

이 경구는 우리의 마음을 제어하지 않으면 감각적 쾌락을 좇으며 산만해지고 방황하게 됨을 경고한다. 그러나 그 마음을 제대로 붙잡고 지혜를 기르면, 마침내 적멸寂滅(열반)의 평화로운 경지에 이를 수 있다는 가르침을 전한다.

'저 홀로 끝없이 움직이는 이내 마음이여, 형상도 없는 것이 내 몸속에 숨어 들었네. 바로 이놈을 잡아서 요절을 내는 사람은 염라왕의 사자도 어찌하지 못하리라.'

마음이란 놈은 형상이 없고 눈에 보이지 않지만, 끊임없이 삶에 영향을 미칠 수밖에 없다. 그러나 이러한 마음을 통제할 수 있는 자는 죽음조차 초월한 해탈의 경지에 이르러 업과 윤회의 고리를 끊을 수 있다는 뜻이다.

'갈팡질팡 붙들기 힘든 이 마음은 한시도 쉬지 않고 쓸데없는 온갖 것에 기웃된다. 이런 마음을 다스리는 것은 진정으로 뛰어난 것, 그 마음이 진실로 행복을 불러올 것이니.'

이 대목은 마음의 산란성과 본질을 가리는 작용을 지적한다. 하지만 그런 마음을 다스릴 수 있는 자는 진정한 수행자이며, 그 통제된 마음은 쾌락을 넘는 참된 평온과 행복을 가져다준다. 여기서 말하는 '진실한 행복'은 감각적 쾌락이 아니라 영적 평화와 자유를 의미한다.

'갈팡질팡 흔들리기 쉬운 이 마음을 스스로 지키고 다스리기란 어려운 일이 아니다. 지혜로운 사람은 그것을 다스려 옳게 할 수 있나니, 마치 솜씨 좋은 장인이 굽은 화살을 바르게 하듯이.' 이 구절은 비록 우리가 마음을 다루기 어렵더라도, 지혜와 훈련으로 충분히 길들일 수 있음을 시사한다. 이것은 마치 숙련된 장인이 휘어진 화살을 곧게 펴듯, 수행과 인내로 마음을 바로잡을 수 있다는 가르침이다.

'오묘하고 미세하여 볼 수도 없는 마음이여, 끊임없이 쾌락만을 좇아 헤매고 배회하네. 지혜로운 사람은 이 마음을 견고하게 사로잡네. 그 마음이 진실한 행복을 가져오리라.' 이 구절에서는 마음의 미세함과 강력한 작용을 강조하고 있다. 우리 마음은 눈에 보이지 않지만, 쾌락을 좇는 것이 근본적인 욕망의 중심이다. 그러나 지혜로운 수행자는 이 마음을 견고하게 사로잡아 진실한 행복에 이를 수 있다는 것이다.

'무분별하고 한량없는 세월을 이 마음은 가는 대로 쏘다니며 허비했네. 나 이제 이놈을 잡아 철저히 다스리리라. 마치 조련사가 쇠꼬챙이로 난폭한 코끼리를 길들이듯이.' 이 마지막 구절은 자신의 과거를 반성하며 수행의 결심을 다지는 표현이다. 마치 난폭한 코끼리를 훈련시키듯, 날뛰는 마음을 철저히 제어하겠다는 수행자의 서원誓願을 담고 있다.

결국 이 게송은 '마음을 다스리는 자만이 참된 자유와 해탈, 그리고 행복에 이를 수 있다'는 불교 수행의 본질적인 가르침을 시적이고도 함축적인 언어로 드러내고 있다. 그리고 정념正念과 선정禪定, 그리고 지혜(반야:般若)를 길러 쾌락과 망상에 끌리는 마음을 제어하고, 무명과 번뇌를 넘어 적멸寂滅의 기쁨, 곧 열반의 경지에 이르도록 인도하는 부처님의 자비로운 메시지를 담고 있다.

살찐 돼지

사람이 먹고 자기만 하여 살이 찌고
시절없이 빈둥빈둥 게으름만을 피운다면
그 어리석은 자, 우리 속의 더러운 돼지와 진배없어
끝없이 태중胎中만을 오가며 윤회할 뿐이다.

′ 이 게송은 불교적 세계관 속에서, 게으름과 탐욕, 그리고 수행 없는 삶이 어떻게 인간을 무지와 윤회의 굴레에 가두는지를 부처님께서 직설적으로 경책하신 말씀이다. 인간이 일하거나 수행하지 않고, 그저 먹고 자며 빈둥빈둥 게으름만을 피우는 삶은 단순한 생존을 넘어, 무분별한 욕망에 탐닉하는 상태를 의미한다. 여기서 '살이 찐다'는 표현은 단순한 신체적 상태를 넘어, 탐욕과 나태로 인해 마음이 무거워지고 흐

려진 상태를 가리킨다.

누구에게나 공부하거나 수행해야 할 시기와 인연은 반드시 찾아온다. 그러나 그 시기를 알지 못한 채 방탕하고 무의미하게 살아간다면, 결국 '우리 속의 돼지'와 다를 바 없다. 이 '돼지'는 탐욕의 상징이자, 진리를 알지 못하는 어리석은 자, 즉 무지를 지닌 중생을 의미한다.

특히 불교에서는 삼독三毒 가운데 하나인 탐욕(탐:貪)을 자주 돼지에 비유한다. 이 탐욕은 수행을 방해하고, 윤회의 사슬에 묶이게 만드는 중요한 원인이 된다. 따라서 욕망에 빠진 삶은 스스로를 짐승의 수준으로 전락시키는 삶이라는 강한 경책이 담긴 비유라 할 수 있다.

또한 수행 없이 살아가는 어리석은 자는, 해탈의 길로 나아가지 못한 채, 끊임없이 태어나고 죽는 고통 속에서 '태중胎中'을 오가며 윤회할 뿐이다. 여기서 '태중'은 태아의 상태, 곧 새로운 생을 받기 직전의 윤회의 준비 단계를 뜻하며, 이는 육도윤회 중에서도 하위의 고통스러운 상태를 암시한다. 이러한 삶은 무지와 업業의 결과로 인해 참된 자유를 얻지 못한 채, 고통의 생을 반복하는 운명을 맞게 된다.

이 게송은 탐욕과 게으름에 빠진 인간이 결국 짐승과 같은 존재로 전락할 수 있음을 경고하고 있으며, 수행 없는 삶은 해탈의 길을 잃고 끝없는 윤회에 갇히게 된다는 불교의 핵심 가르침을 담고 있다. 인간으로 태어났다는 것은 수행할 수 있는 귀중한 기회이며, 만약 이 시기를 헛되이 보낸다면, 다시 고통의 세계로 떨어질 수밖에 없다는 부처님의 엄중한 경책이 담긴 경구라 할 수 있다.

반야般若의 진검

고깃덩어리인 육신은 질그릇처럼 부서지기 쉬운 것
마음을 잘 다스려 육신을 성곽처럼 굳건히 지키며
수행자는 반야의 진검으로 마군魔軍을 정복시켜라.
이젠 그대 그 누구에게도 패퇴하지 않으리라.

′ 인간은 겉으로는 단단해 보이나, 생물학적으로는 한낱 고깃덩어리에 불과하다. 또한 질그릇처럼 언제든 깨질 수 있으며, 병들어 죽음에 이를 수 있는 덧없는 존재이다. 수행자는 이러한 육신의 무상함을 깊이 자각하고, 마음을 다스려 자신을 성곽처럼 굳건히 지키라는 가르침을 받는다.

인간에게 마음은 삶의 중심을 바로 세우는 근본이다. 마음을 잘 다스리면 건강한 육신과 흔들림 없는 삶이 가능하지만, 마음을 제대로 다스리지 못하면 육신 또한 병들 수밖에 없다.

따라서 일반인에게는 마음수련이 매우 중요하며, 수행자에게는 '반야의 진검'으로 '마군魔軍'을 정복하는 일이 가장 중요하다. '반야般若'는 깨달음의 지혜를 뜻하고, '진검'은 환상이 아닌 실체적 진리를 꿰뚫는 무기를 상징한다. '마군'은 번뇌, 유혹, 집착, 악한 생각 등 마음을 흐트러뜨리는 내적 장애물의 은유다.

즉, 수행자는 이 지혜의 검으로 내면의 어둠과 혼란을 꿰뚫고 극복해야 하며, 이것이 바로 수행자의 결기決氣다. 이러한 마음가짐으로 수행하는 자는 누구에게도, 어떠한 유혹과 번뇌에도 굴복하지 않는다. 이는 지혜를 통해 내면의 적을 이겨내고, 외부의 유혹과 내부의 혼란 모두를 넘어서는 강인한 존재로 거듭나기 때문이다.

이 구절은 전통적인 수행자, 즉 도인이나 수도자들이 내면을 수련하고 정신적 각성을 이루는 과정을 시적으로 표현한 글이다. 인간 육신의 유한함을 자각하고, 마음 수련을 통해 지혜를 얻어 결국 외적·내적 시련을 초월하는 수행자의 경지에 이르라는 강렬한 메시지를 담고 있다. 불교의 선禪과 도가적 사유가 어우러져 깊은 울림을 전하는 시적 문장이다.

게으르지 말라

떨치고 일어서야 할 때에 일어서지 못하고
젊음과 몸이 건강할 때 게을리하고
자신의 의지와 뜻이 약한 사람은
그 방일放逸한 마음으로는 결코 도道를 깨칠 수 없다.

 일과 공부, 수행 등 모든 일에는 적절한 시기가 있다. '떨치고 일어서야 할 때'란, 내면의 각성과 결단, 변화가 절실히 요구되는 시간을 뜻한다. 그러나 이러한 때에도 마음을 잡지 못하고 망설이거나 주저하면서 시간을 보낸다면 성공은 물론, 수행자는 깨달음을 얻기 어렵다.
　인간의 가장 큰 적은 '방일放逸'이다. 수행이나 자기 계발에 있어 최적의 조건은 '젊음'이다. 젊음은 열정과 체력, 변화의 유연성을 갖춘 시기로서 일생에 있어서 가장 소중하다. 이러한 귀중한 때에 의지가 없고 결심이 부족해 게으름을 피우는 등 흐트러진 마음으로는 그 어떤 성취도, 깨달음도 이룰 수 없다.

  이 경구는 젊은 시절에 의지와 결심이 약해 소중한 기회를 헛되이 보내게 되면 진정한 깨달음이나 성공을 이룰 수 없다는 강한 메시지를 담고 있다. 특히 수행자라면 반드시 '깨달음'을 구하겠다는 강한 결심과 끈기가 있어야 한다. 그렇지 않으면 진리의 길에 결코 다가갈 수 없다는 부처님의 가르침이다.

자신을 잘 다스려라

끊임없는 노력으로 정념을 실천하여
자기를 잘 다스려 눈부시게 잘 닦여진
자신에게 의지하여 바위섬처럼 우뚝 솟은 이를
감히 세상의 어떤 파도가 휩쓸어 갈 수 있으리.

 불교에서 말하는 '정념正念'이란, 흐트러짐 없이 늘 깨어 있는 마음 상태를 가리킨다. 특히 스님들과 같은 수행자에게 정념은 수행의 핵심이자, 평생에 걸쳐 실천해야 할 중요한 덕목이다.

수행은 단기간에 끝나는 일이 아니다. 그것은 끊임없는 노력과 인내를 필요로 하며, 무엇보다도 자기 마음을 바르게 다스리는 일이 중요하다. 오직 그럴 때에만 마음속에서 일어나는 욕망과 분노, 탐욕과 무지의 어지러운 물결을 하나씩 걷어내며 스스로를 정화할 수 있다. 여기서 말하는 '눈부시게 잘 닦여진' 마음이란, 마치 거울처럼 맑고 투명하며, 어떤 흔들림도 없는 고요한 상태를 뜻한다.

사실 우리가 살아가는 세상에는 고통과 유혹, 시련과 비난처럼 크고 작은 파도가 끊임없이 몰려든다. 그러나 정념을 실천하고 자기 수양을 통해 내면을 단단히 다져낸 사람은, 그런 파도에도 쉽게 휩쓸리지 않는 존재가 된다.

그렇기에 진정한 수행자는 어떤 시련 앞에서도 바위처럼 고요하고 단단하다. 세상의 유혹이나 변화에도 흔들림 없이, 외부에 의지하지 않고 오직 자기 내면의 힘으로 존재를 지켜낸다.

이 구절은 바로 그런 수행자의 내적 완성과 자립, 그리고 흔들림 없는 정신 상태를 상징적으로 잘 보여주는 가르침이라 할 수 있다.

실천 수행하라

아무리 모습이 고와도
향기 없는 꽃은 결실이 없고
아무리 훌륭한 가르침을 배웠다 해도
수행의 실천이 없으면 그 열매도 없네.

아름다운 자태와 향기가 있는 꽃이
아름다운 열매를 맺듯
좋은 가르침을 잘 듣고 받아
이를 닦고 실천하면 무량한 공덕을 얻게 되네.

′ 이 경구는 겉모습이 아무리 아름다워도 향기 없는 꽃이 열매를 맺지 못하듯, 아무리 훌륭한 가르침을 배웠다 해도

실천이 따르지 않으면 수행의 참된 열매를 얻을 수 없다는 깊은 가르침을 담고 있다. 여기서 말하는 '참된 열매'란 곧 깨달음이나 공덕을 뜻한다.

또한 '아름다운 자태와 향기가 있는 꽃이 아름다운 열매를 맺듯, 좋은 가르침을 잘 듣고 받아 이를 닦고 실천하면 무량한 공덕을 얻게 된다'는 구절은 지식과 실천이 조화를 이룰 때 비로소 참된 결과가 나타난다는 사실을 일깨워 준다. 특히 강조할 점은, 단지 외형만이 아니라 '향기', 곧 진실한 마음과 바른 행위가 함께 할 때 그 가르침은 삶 속에서 살아 움직이며, 결국 무량한 복덕과 깊은 깨달음으로 이어질 수 있다.

실제로 지식이나 가르침은 아는 것만으로는 충분하지 않고 그것을 삶 속에서 실천할 때, 비로소 진정한 변화와 깨달음이 일어날 수 있다. 다시 말해, 진정으로 아름다운 꽃은 겉모습이 아니라 그 향기에 있듯, 수행자의 진정한 아름다움 또한 외형이 아닌, 깨어 있는 마음과 행위 속에서 드러나고 그러한 삶은 결국 공덕과 열매, 즉 지혜, 자비, 해탈이라는 불교의 궁극적 가치로 나아가는 길이 된다.

수행의 공덕

아무리 많은 경전을 읽었다고 해도
나태하여 배운 것을 스스로 닦고 실천을 하지 않으면
남들의 가축 수를 세는 목동과 같네.
참된 수행의 공덕을 어느 날에나 얻을 수 있을까.

비록 듣고 읽은 경전이 적다 할지라도
참된 실천수행實踐修行으로 삼독심三毒心을 벗어나
반야와 해탈을 얻은 사람은
수행의 공덕을 스스로 멀리 펼치게 될 것이니.

　불교에서의 '공덕功德'이란, 선한 행위와 올바른 마음, 수행을 통해 축적된 밝은 에너지와 그 결과를 의미한다. 이것은 단순히 '좋은 일을 하면 좋은 일이 돌아온다'는 인과응보의 개념을 넘어서, 진실한 마음과 행위를 통해 자기 존재를 맑히고, 세계에 이로움을 미치는 근본적인 힘이다.

일반적으로 자비심에서 비롯된 보시는 공덕이 되지만, 이기심이나 명예욕에서 비롯된 보시는 큰 공덕이 되지 못한다. 왜냐하면 공덕은 눈에 보이는 성과가 아니라, 마음을 닦고 진실하게 살아가는 과정에서 스스로 쌓이는 맑은 기운이기 때문이다. 따라서 공덕은 단순히 다음 생에 좋은 곳에 태어나기 위한 복의 축적이 아니라, 번뇌에서 벗어나 마음이 평화로워지고, 자기와 타인 모두를 이롭게 하는 존재가 되며, 깨달음(보리)과 해탈(열반)을 향한 기반을 만드는 것이라 할 수 있다.

이러한 맥락에서 보면, 이 경구는 수행자가 아무리 많은 경전을 읽었다고 해도 그 가르침을 제대로 실천하지 않으면, 그것은 마치 목동이 제 것이 아닌 남의 소를 세는 것처럼 아무런 소득이 없어 깨달음을 얻을 수 없다는 뜻이다. 즉, 지식은 많지만 자기 마음을 닦지 않으면 아무런 소용이 없다는 부처님의 경책警策이다. 여기서 '목동'은 타인의 부富를 세어 주는 사람을 비유하며, 헛된 노력만 하는 자를 가리킨다.

또한, '참된 수행의 공덕을 어느 날에나 얻을 수 있을까'라는 구절은, 실천 없이 얻는 공덕은 존재하지 않으며, 단지 말과 이론만으로는 공덕을 얻을 수 없다는 부정적인 반문이다. 수행의 결실은 자기 내면의 변화와 실천이 동반되어야만 맺어질 수 있다. 그렇지 않으면 공덕은 얻기 어렵다.

 하지만 수행자가 듣고 읽은 경전이 적다고 할지라도, 참된 실천수행實踐修行으로 삼독심三毒心을 벗어나 반야를 얻은 사람은 깨달음을 얻을 수 있다. 그러므로 진정한 수행자가 되려면 경전을 많이 읽는 것보다, 꾸준한 자기 실천을 통해 자기를 변화시키는 것이 무엇보다 중요하다.

악업을 짓지 말라

살아 있는 현생
죽은 뒤에 다시 태어난 미래생에서도
악한 업을 지은 사람은 슬픔과 근심뿐이네.
자신이 지은 악업을 돌아보며 괴로움과 후회뿐이네.

살아 있는 현생
죽은 뒤에 다시 태어난 미래생에도
바른 업을 닦은 사람은 기쁨과 즐거움뿐이네.
자신의 선업을 되돌아보며 기쁨으로 충만하네.

′ 불교에서는 과거세, 현세, 미래세를 '삼세三世'라 하며, 이를 매우 중요하게 여긴다. 우리는 지금 현세를 살아가고

있지만, 언젠가는 생을 마감하고 다시 왔던 곳으로 돌아가게 되는 순간을 맞이하게 된다. 이는 누구도 피할 수 없는 진리이다.

그러나 현생을 바르게 살지 못하고 악업惡業을 많이 지은 사람은, 삶이 끝난 뒤에도 슬픔과 근심에서 벗어나지 못한다. 왜일까? 그것은 현생에서 지은 악업의 과보가 의식 깊은 곳에 남아, 죽음 이후에도 그 악행을 자각하며 괴로워하게 되기 때문이다.

여기서 '자신이 지은 악업을 돌아보며 괴로움과 후회뿐이네'라는 표현은, 단지 외적인 고통이 아니라, 심리적·영적 자각을 통한 내면의 고통을 가리킨다. 악행은 일시적인 문제가 아니라 마음 깊은 곳에 흔적을 남기며, 괴로움의 씨앗이 되는 것이다.

반면, 현생에서 선업善業을 많이 쌓은 사람은, 죽은 뒤 미래생에서도 기쁨과 즐거움을 누리게 된다. 여기서 '바른 업을 닦은 사람'이란 단순히 착한 일을 한 사람을 넘어서, 올바른 생각과 행동, 자비와 지혜를 실천하며 살아온 사람을 말한다.

특히 '자신의 선업을 되돌아보며 기쁨으로 충만하네'라는 구절은, 단지 외적인 공덕만을 의미하는 것이 아니라, 내면의 평화와 자긍심, 그리고 삶에 대한 만족감이 자신을 밝게 비춘다는 뜻으로 이해할 수 있다.

이 경구는 불교적 세계관, 특히 업karma과 윤회samsara의 개념을 바탕으로, 인간의 삶과 선택이 현생을 넘어 미래생까지 영향을 미친다는 진리를 간결하면서도 깊이 있게 전하고 있다. 이는 불교 윤리의 핵심으로, 모든 행위는 반드시 흔적을 남기며, 그 흔적은 삶과 죽음을 넘어 미래에까지 영향을 미친다는 것이다.

따라서 악행은 괴로움의 씨앗이 되며, 선행은 평화와 기쁨의 뿌리가 된다. 결국, 업의 원리는 천벌처럼 외부의 힘이 인간을 심판하는 것이 아니라, 자기 행위의 결과가 스스로에게 되돌아오는 인과의 법칙임을 강조하고 있다.

덕을 많이 쌓아라

신심과 덕망이 높고
덕복이 있는 사람은
어디를 가나 만인의 존경이
그를 따라오네.

일반적으로 '신심信心'은 깊은 믿음, 곧 흔들림 없는 마음을 의미하지만, 불교에서는 불·법·승 삼보三寶에 대한 믿음, 그리고 진리와 수행에 대한 확고한 신념을 말한다. 한편 '덕망德望'은 덕이 있어 많은 이들이 우러러보는 인격적 품위, 즉 덕이 높은 사람이 자연스럽게 얻게 되는 존경과 명성을 뜻한다. 이 구절은 바로 신심을 바탕으로 덕을 닦아 온 사람, 곧 내면으로는 바르고 외면으로는 존경받는 인격자를 가리킨다.

그리고 '신심'과 '덕망'이 있는 사람은 어디에 있든지 사람들의 존경을 받는다. 그것은 단지 겉으로 드러나는 외양이나 말솜씨 때문이 아니라, 그 사람의 인격과 삶의 태도 자체가 누구에게나 귀감이 되기 때문이다. 진정한 덕은 감추려 해도 감춰지지 않고, 어떤 공간이나 상황 속에서도 그 향기가 스미기 마련이다.

이러한 사람은 스스로 존경을 얻기 위해 애쓰지 않아도, 그 삶의 향기와 넓은 도량이 자연스럽게 주변 사람들의 마음을 이끈다. 존경은 쫓아가는 것이 아니라, 덕을 닦는 사람에게 저절로 따르게 되는 것이라는 깊은 진리를 담고 있다.

결국 이 경구는 신심과 덕을 갖춘 삶이 얼마나 큰 힘을 지니는지를 일깨운다. 그러한 삶을 사는 사람에게는 어디서든 존경과 복이 따르게 된다는 불교적 가르침을 시적으로 표현한 것이다. 이는 수행자나 도인의 모습, 혹은 진정한 지도자가 갖추어야 할 덕목을 잘 보여주는 말이기도 하다.

그러므로 불교에서는 겉모습이나 권세보다, 내면의 덕을 복의 뿌리로 본다. 진정한 존경은 권위로 얻어지는 것이 아니라, 덕을 통해 자연스럽게 우러나게 되는 것이며, 이는 인간의 내면적 품성과 외면에 미치는 영향력이 어떻게 연결되는지를 잘 보여주는 가르침이라 할 수 있다.

마음을 어질게 하라

마음이 어진 사람은 어디서든 눈부시게 드러난다.
만년설을 이고 우뚝솟은 히말라야의 봉우리처럼
반면 저속한 무리들은 어둠 속에 그 존재가 가려져
마치 깜깜한 어둠 속에서 쏜 화살과 같으리.

′ 마음이 선하고 바른 사람, 곧 덕을 지닌 이는 어디에 있든지 그 존재가 자연스럽게 드러나고 빛나게 마련이다. 이는 '만년설을 이고 우뚝 솟은 히말라야의 봉우리'와 같아서, 그 높이와 빛으로 인해 숨기려 해도 숨길 수 없듯, 어진 사람의 인품과 덕망 또한 애써 드러내려 하지 않아도 본래의 존재만으로 존엄하고 장엄한 위용을 발하게 된다는 뜻이다.
반면, 인격이 천박하거나 탐욕스럽고 저속한 사람들은 '어둠 속에 그 존재가 가려지듯' 자신을 드러내지 못한 채 세상에 묻혀버린다. 이는 마치 '깜깜한 어둠 속에서 쏜 화살'과 같아서, 어디를 향했는지도, 어디에 닿았는지도 알 수 없는 허망하고 무의미한 행위와 다름없다. 또한 이들의 삶은 어둠 속의 화살처럼 방향도 목적도 없이, 흔적조차 남기지 않은 채 사라지고 만다.

  이 짧은 네 줄의 경구는, 도덕성과 인격의 빛은 억지로 드러내려 애쓰지 않아도 자연스럽게 발해지며, 진정한 가치는 외적인 포장보다 내면의 순수함과 덕성에서 비롯된다는 깊은 통찰을 담고 있다. 본디 세속적인 권세나 요란한 겉모습은 잠시 눈길을 끌 수 있을지 몰라도, 시간이 흐를수록 참된 덕을 지닌 사람과 그렇지 않은 사람의 차이는 더욱 분명히 드러난다. 이것은 수행자나 도인의 길을 묘사할 때 자주 인용되는 불교적 가르침이며, 삶의 본질에 대한 시적인 표현으로도 이해할 수 있다.

마음을 비워라

자신의 마음속에 바라문으로서의
욕락慾樂을 없애는 것은 큰 공덕을 얻을 것이네.
남을 해하고자 하는 마음을 비워낸다면
일체중생의 괴로움 또한 사라질 것이네.

⸻

′ 브라만은 고대 인도 카스트 제도에서 가장 높은 계급으로, 종교의식과 제사, 교육, 경전 연구 등을 담당하던 이들을 말한다. 특히 힌두 철학에서는 '브라만Brahman'을 우주의 본질이자 궁극적 실체로 보며, 인간으로서의 '바라문'과 절대적 실재로서의 '브라만'을 구분한다. 여기에서 말하는 '바라문'은 단순한 신분적 개념이 아니다. 진리를 추구하고 수행에 전념하는 자, 곧 이상적인 수행자의 모습을 가리킨다.

실제 석가모니 부처님은 경전에서 '성姓이나 혈통만으로 바라문이 되는 것이 아니라, 번뇌를 끊고 진리를 실현한 자가 진정한 바라문'이라고 자주 말씀하셨다. 이는 누구나 바라문이 될 수 있는 것은 아니며, 오직 계율을 엄격하게 지키고 물질적 욕망보다 정신적 가치를 추구하고 깨달음의 길을 걷는 자만이 진정한 바라문이 될 수 있음을 뜻한다.

수행자에게 가장 큰 장애는 바로 감각적 쾌락, 탐욕, 집착과 같은 '욕락慾樂'이다. 그러나 이러한 '욕락'을 단순히 경계하거나 자신의 감정을 억누르기만 해서도 안 된다. 욕망의 본질을 바로 꿰뚫어 보고, 그것에 얽매이지 않는 자유로운 상태에 이르러야만 진정한 바라문이 될 수 있다.

인간이 저지르는 모든 악행의 대부분은 '자신의 욕망을 채우기 위해 타인을 해치려는 마음'에서 비롯된다. 그러므로 수행자가 마음속에 든 분노, 미움, 질투와 같은 감정들을 깨끗이 비워낼 수 있다면, 그 자신뿐만 아니라 모든 중생의 괴로움 또한 줄어들 수 있다.

결국 수행이란 것도 남을 해치는 마음을 비워내는 일이다. 이것은 자신을 위한 동시에 타인을 위한 길이기도 하다. 그렇기에 중생을 해치려는 마음을 비우는 것이야말로 가장 큰 공덕이며, 수행의 본질이라 할 수 있다.

남을 해치지 말라

다른 사람의 허물을 들추어 내지 않고
큰 생명이든 한갓 미물이든
또한 스스로조차 해치지 않고
해치게 하는 원인조차 주지 않는 사람
그를 일러 진정 바라문이라 할 수 있네.

 ′ 자고로 수행자란 타인의 잘못을 들추어내거나 비난하지 않고, 자비로운 마음으로 타인의 허물보다는 자신의 내면을 돌아보는 데 노력해야 한다. 이는 석가모니 부처님께서 우리에게 경책하신 근본적인 가르침이다.
 또한 수행자는 코끼리 같은 큰 짐승이든, 벌레 같은 작은 미물이든 차별 없이 평등한 마음으로 바라보며, 모든 생명을 귀중히 여겨야 한다. 생명의 크고 작음에 따라 존엄함을 나누지 않는 것이 진정한 자비심이다.

수행자에게는 타인에게 해를 입히지 않는 것뿐 아니라, 육체적으로든 정신적으로든 자기 자신을 해치지 않는 삶을 실천하는 것도 매우 중요하다. 스스로 만들어낸 집착과 분노는 자신을 해치는 심각한 원인이 되며, 이는 수행의 걸림돌이 되는 것은 물론, 큰 악업을 짓는 것임을 명심해야 한다.

아울러, 타인과 자신을 해치는 원인도 만들지 않아야 한다. 다시 말해, 질투나 분노를 일으키게 하는 말과 행동을 삼가고, 타인의 악한 행위조차도 자신으로 인해 유발되지 않도록 해야 한다. 이러한 삶의 태도는 수행자의 필수적인 덕목이다.

결국, 타인과 자신 모두를 해치지 않으며, 크고 작은 모든 생명에게 해를 입히지 않고, 해치는 원인조차 만들지 않으며, 진리와 자비, 지혜로써 수행을 완성한 사람을 두고 부처님께서는 진정한 바라문이라고 하셨던 것이다.

이 경구는 모든 중생에게 '그 어떤 해도 끼치지 않는 삶', 즉 자비의 정신을 수행자의 이상형으로 제시하고 있다. 본래 자비란 단순한 감정적 연민을 넘어서, 존재 전체에 대한 깊은 존경과 지혜에서 비롯된 삶의 태도이다.

분노하지 말라

이런 사람을 진정한 바라문이라 한다.
분노와 증오, 자만심과 시기심이
마치 바늘 끝에 떨어진 작은 겨자씨와 같이
어디에도 달라붙지 않는 사람을.

앞서 언급했듯이, 진정한 바라문은 혈통이나 출신으로 규정되는 존재가 아니다. 그것은 단지 사회적 지위가 아니라, 번뇌를 이겨낸 자, 자비와 지혜로 살아가는 자, 자기 안의 어둠을 정복한 사람에게 붙는 이름이다.

본래 중생들은 분노와 미움, 자만심과 질투 같은 감정들을 가지고 살아간다. 하지만 이러한 감정들은 곧 번뇌의 씨앗이자, 마음을 혼탁하게 하는 독소들이다. 수행자라면 이런 감정에 얽매이지 않고, 그것들로부터 자유로워야 한다. 이것이 불교가 말하는 바라문의 기본 조건이다.

이 경구에 나오는 비유처럼, 겨자씨는 작고 둥글며 미끄러워 바늘끝에 얹으면 붙어 있지 못한다. 이때의 겨자씨는 번뇌를, 바늘끝은 치열한 수행자의 정신을 상징한다. 설령, 번뇌가 일어난다고 하더라도 그것이 마음에 머물지 못하게 하는 힘, 바로 그것이 수행에서 오는 정화력이다. 분노와 시기가 일시적으로 스쳐 가더라도, 그 마음은 스며들 틈조차 없이 청정하다는 뜻이다.

그런 수행자는 모든 감정과 생각이 일어나더라도 그것에 물들지 않는 사람, 곧 맑고 고요한 존재인 것이다. 그는 세상의 칭찬이나 비난, 쾌락이나 고통에도 흔들리지 않으며, 항상 평정심 속에 머무는 자다. 외부 자극에 요동하지 않고, 내면의 평화를 지닌 자이며 그가 바로 진정한 바라문이다.

타인을 불편하게 하지 말라

이런 사람을 진정한 바라문이라 한다.
항상 법이 가득한 말로 사람들을 가르치고
언제 어디서든 따뜻한 마음을 가지며
남을 까닭없이 불편하게 만들지 않는 사람을.

ˊ 여기에서 말하는 '바라문'은 단순히 종교적 수행자나 지식인을 의미하는 것이 아니다. 진리와 도道를 실천하는 사람, 곧 참된 수행자이자 성숙한 인격체를 가리키며, 외적인 신분보다는 내면의 성품과 삶의 실천이 더 중요하다는 가르침을 담고 있다.

또한 '항상 법이 가득한 말로 사람들을 가르친다'는 말은, 그가 전하는 말 속에 언제나 진리와 도리가 담겨 있다는 뜻이다. 여기서 '법法'이란 불교에서 말하는 다르마Dharma, 즉 진리의 바른 가르침을 의미한다.

진정한 바라문은 언제나 자비롭고 따뜻한 마음으로, 타인에게 이익이 되는 바른 말과 행동을 실천한다. 이것이 곧 자애심慈愛心이다. 자애는 단순한 감정적인 온기를 넘어, 모든 존재를 있는 그대로 받아들이는 포용과 연민, 그리고 사심 없는 친절함을 뜻한다.

'남을 까닭 없이 불편하게 만들지 않는 사람'이란, 타인에게 고의적으로 또는 불필요하게 해를 끼치지 않으며, 말과 행동에서 상대의 입장을 깊이 배려하는 삶을 사는 이를 말한다.

이는 곧 '아힘사Ahimsa'의 실천이라 할 수 있다. 아힘사는 산스크리트어로 '비폭력' 혹은 '해치지 않음'을 뜻하며, 단순히 신체적인 폭력을 삼가는 데 그치지 않고, 생각과 말, 행동에 이르기까지 타인에게 해를 주지 않으려는 태도를 말한다. 아힘사는 불교, 힌두교, 자이나교에서 공통적으로 중요하게 여겨지는 수행의 덕목이며, 특히 자이나교에서는 모든 생명을 절대적으로 존중하는 실천의 핵심으로 여겨진다.

따라서 이 경구는, 참된 수행자가 되기 위해서는 자신보다 먼저 타인을 존중하고 배려하는 마음을 지녀야 한다는 깊은 가르침을 전하고 있다.

관대하라

이런 사람을 진정한 바라문이라 한다.
막된 사람들에게조차 한결 같이 자비로우며
자신을 모함하는 나쁜 사람들에게도 모르는 척 관대하며
탐욕에 물든 무리 속에서도 물들지 않고 무욕으로 지내는 사람을.

′ 이 구절은 참된 바라문, 즉 진정한 수행자이자 고귀한 인격체의 내면과 태도를 간결하면서도 깊이 있게 담고 있다.
'막된 사람들에게조차 한결같이 자비로우며'에서 '막되다'는 거칠고 무례하며 예의 없는 태도를 뜻한다. 그런 이들에게까지 차별 없이 자비를 베푸는 태도는 단순한 선의나 호의의 차원을 넘어선 경지다. 상대가 누구든, 어떤 태도를 지녔

든 관계없이 모든 존재를 있는 그대로 받아들이고 따뜻하게 대하는 마음. 바로 이것이 참된 자비심의 실현이다.

'자신을 모함하는 나쁜 사람들에게도 모르는 척 관대하며'라는 구절은 수행자가 지녀야 할 용서와 인욕忍辱의 덕목을 잘 보여준다. 자신을 해치거나 음해하려는 이들에게 감정적으로 반응하거나 보복하지 않고, 오히려 그 어리석음을 이해하며 너그러이 받아들이는 자세는 수행자다운 인내와 통찰에서 비롯된다. 여기서 '모르는 척'이란 무관심이나 회피가 아니라, 그 악의를 마음에 담지 않고 흘려보내는 무집착의 지혜를 뜻한다. 이는 불교의 육바라밀 가운데 하나인 '인욕바라밀忍辱波羅蜜'의 실천에 해당한다.

또한 '탐욕에 물든 무리 속에서도 물들지 않고 무욕으로 지내는 사람'이란, 세속적 가치와 물질적 유혹, 그리고 타인의 욕망이 난무하는 환경 속에서도 자신의 중심을 잃지 않고 살아가는 이의 모습을 말한다. 이는 마치 연꽃이 진흙 속에서 피어나되 더럽혀지지 않듯, 세속에 몸을 두고도 그에 물들지 않는 수행자의 높은 이상을 상징한다.

결국 이 경구는 다음과 같은 분명한 메시지를 전하고 있다. 악한 이에게는 자비로, 해를 끼치는 자에게는 관용으로, 욕망의 세계 속에서는 무욕으로 살아가는 자, 그가 바로 참된 바라문이며 진정한 수행자다. 이러한 삶은 단지 지식이나 외형만으로는 결코 닿을 수 없다. 오직 끊임없는 수행과 깊은 내면의 연단을 통해서만 도달할 수 있는, 고결한 인간 존재의 모습을 우리 앞에 제시하고 있다.

# 7장
정념正念의 길

:

현재의 나에게 집중하고
생각과 감정을 명확히 인식하라

복수하지 말라

함부로 바라문을 해쳐서는 아니된다.
그렇다고 바라문을 해친 사람에게 또한 복수를 해서는 더욱 안 된다.
바라문을 해친 사람에게는 큰 재앙이 올 것이며
그것을 되갚는 것 또한 화가 따른다.

′ 우리는 함부로 바라문(수행자)를 해쳐서는 안 된다. 바라문은 단순히 한 계급이나 신분을 넘어, 도덕적 순결과 내면의 수행을 상징하는 존재이기 때문이다. 그들은 진리와 평화를 추구하며, 세상의 탐욕과 분노를 초월하려는 이들이다. 그런 존재를 해치는 행위는 곧 인간성에 대한 훼손이며, 결국 스스로에게 재앙을 부르는 일이다.

여기서 더 깊이 성찰해야 할 점은, 바라문을 해친 사람에게 복수하려는 마음 역시 그 자체로 또 하나의 악이라는 사실이다. 비록 누군가가 선을 짓밟고 어둠을 택했을지라도, 그에 대한 보복은 또 다른 어둠을 불러온다. 악을 향한 분노가 또 다른 악의 씨앗이 되는 순간, 우리는 결국 선의 편이 아니라 분노의 도구가 되어버리고 만다.

우주는 고요하지만 확실한 방식으로 균형을 맞춘다. 악행은 반드시 그에 상응하는 결과를 초래하며, 그 과정은 인간의 판단이나 개입을 기다리지 않는다. 우리가 할 일은 정의를 흉내내는 복수가 아니라, 그 질서에 대한 신뢰와 내면의 평정을 지키는 것이다. 선한 이가 해를 입는 모습을 보더라도, 복수심이 아닌 자비와 통찰로 대응할 수 있는 용기, 그것이야말로 진정한 수행의 길이다.

이 경구는 고대 인도 경전이나 불교, 힌두교 문헌에서 볼 수 있는 도덕적, 영적 가르침을 담고 있다고 하겠다.

어진 이를 해하지 말라

깨끗하고 어진 사람을 해치려고 하면
그 해악害惡은 반드시 자신에게 돌아간다.
불어오는 바람을 맞아
되던져진 흙먼지와 같이.

′ 세상에는 말없이 선을 지키며 살아가는 이들이 있다. 그들은 자신을 드러내지 않지만, 마음은 맑고 행실은 어질다. 그런 사람에게 해를 끼치려는 마음이 일어날 때, 우리는 스스로를 돌아보아야 한다. 왜냐하면, 그 해악은 결코 상대방에게만 머무르지 않기 때문이다. 선한 이를 해하려는 행위는 곧 스스로의 운명을 어지럽히는 일이며, 결국 그 화살은 다시 자신을 향해 날아오게 되어 있다.

세상은 단순한 논리로 움직이지 않는다. 인간이 보지 못하는 깊은 질서와 조화가 있으며, 그것은 우리가 어떤 의도를 품는가에 따라 미묘하게 반응한다. 마음속의 악의는 아무리 감추려 해도 흔적을 남기고, 결국 그 그림자는 자신에게 되돌아온다. 그것은 마치 바람을 맞아 흙먼지를 던졌을 때, 그 먼지가 자신에게 돌아오는 것과 같다. 처음에는 분명히 남을 향해 던졌건만, 결과적으로 자신이 가장 많이 더러워진다.

진정 지혜로운 자는 선한 이를 결코 해치지 않는다. 아니, 더 나아가 선한 이의 존재 앞에서 자신을 낮추고 경계한다. 악을 가하면 악이 돌아오고, 선을 존중하면 자신도 그 빛을 입게 된다. 결국 우리가 세상에 던지는 모든 것은, 돌고 돌아 자신에게 돌아오는 법이다. 그것이 인과의 이치요, 인간됨의 근본이다.

잡초가 되지 말라

잡초는 밭을 황무지로 만들고
어리석음은 중생을 볼모로 만든다.
무명無明을 여읜 사람에게 공양하면
그 복밭에서 무량한 공덕을 얻게 되리라.

잡초는 밭을 망치고
갈애는 중생을 망치게 한다.
갈애를 벗어난 이에게 공양하면
그 복밭에서 무량한 공덕을 얻게 되리라.

′ 삶을 들여다보면, 우리의 마음은 마치 한 떼기 밭과도 같다. 그 밭은 때때로 곡식을 기를 수 있는 풍요로운 토양이 되

지만, 관리하지 않으면 어느새 잡초가 무성하게 자라나 모든 것을 망쳐버린다. 마음도 이와 같다. 탐욕, 분노, 어리석음 같은 번뇌의 잡초들이 자라나기 시작하면, 그 마음밭은 이내 황폐해지고, 삶은 본래의 방향을 잃고 만다.

그 가운데서도 특히 어리석음, 곧 무명無明은 중생을 가장 깊은 어둠 속에 가둔다. 무명은 진리를 가리고, 우리가 삶의 본질을 보지 못하게 만든다. 무명을 품은 마음은 탐욕과 집착, 두려움과 착각으로 가득 차고, 결국 괴로움의 굴레를 스스로 만들어낸다. 그리하여 중생은 자신이 묶인 줄조차 모르고 윤회의 수레바퀴 속을 끊임없이 돈다.

하지만 무명을 벗어난 이, 즉 내면의 어둠을 걷어내고 진리를 꿰뚫어 본 이가 있다면, 그는 이미 번뇌의 밭을 다스린 자다. 그런 이에게 공양을 올리는 행위는 단순한 나눔을 넘어, 지혜와 자비를 향한 신심의 표현이며, 그 마음 밭에 공덕이라는 씨앗을 심는 일이다. 이 공양은 헛되지 않으며, 무량한 복으로 돌아온다. 왜냐하면 깨달은 이는 가장 거룩한 복밭이기 때문이다.

또한 욕망, 즉 갈애渴愛는 중생을 더욱 깊은 고통으로 끌어내린다. 채워도 채워지지 않는 갈증 같은 이 욕망은, 끝없이 더 많은 것을 원하게 하고, 현재에 만족하지 못하게 만든다.

갈애는 사람의 삶을 망치고, 마음의 평화를 산산이 부순다. 그러나 갈애를 벗어난 이, 욕망의 불길에서 벗어나 맑고 고요한 본래의 자리를 되찾은 이 역시 복밭이 된다. 그에게 바치는 공양은 탐욕이 아닌 신심에서 나온 것이기에, 그 열매는 헤아릴 수 없이 크다.

결국 삶이란, 어떤 밭을 가꾸고, 어디에 씨앗을 뿌릴 것인가? 이에 대한 선택이다. 어지러운 마음에 집착을 심으면 고통이 자라고, 지혜롭고 청정한 이에게 공양을 올리면 공덕이 자란다. 우리는 누구에게, 무엇을 바치는가를 통해 결국 어떤 삶을 살 것인지 스스로 결정하는 것이다. 이 구절은 불교의 깊은 가르침, 특히 무명無明과 갈애渴愛, 그리고 공양供養의 공덕에 대한 비유적 표현을 담고 있다.

악업의 대가

현세現世에도 괴로우며
미래세未來世에도 괴로우며
이렇듯이 악한 업을 지은 사람은
현세와 미래세에서도 고통을 받기 쉽다.
'몹쓸 짓'에 대한 후회와
악도惡道에 떨어져 고통을 받는다.

현세에도 즐거우며
미래세에도 즐거우며
이렇듯이 복업을 닦은 사람은
현세와 미래세에서도 기쁨이 있다.
'착한 일'에 대한 기쁨으로
천당에 가서 행복하게 산다.

어느 순간 누구나 자기가 살아온 삶의 결과를 마주한다. 그 결과는 우연이 아니라, 자신이 살아오며 지은 행위의 씨앗에서 비롯된다. 선한 씨앗은 꽃을 피우고 열매를 맺지만, 악한 씨앗은 언젠가 반드시 괴로움이라는 가시를 드러낸다.

　나쁜 일을 저지른 사람은 마음이 편치 않다. 설령, 들키지 않았다고 해서 죄책감이 사라지는 것은 아니다. 깊은 밤, 조용한 시간에 문득 밀려드는 후회와 불안, 그것은 스스로 만든 괴로움의 그림자이다. 남의 눈은 잠시 피할 수는 있어도, 자기 마음의 눈은 피할 수 없고 그 마음의 어두운 흔적은, 생이 다한 뒤에도 어딘가에 남는다.

　불교는 말한다. 악업을 지은 자는 다음 생에도 괴로움을 면하기 어렵다고. 그가 머무를 곳은 고통이 가득한 악도惡道, 다시 말해 지옥, 아귀, 축생과 같은 괴로운 세계이다. 악업의 대가는 단지 벌이 아니라, 마음 깊은 곳에서부터 비롯된 고통 그 자체이다.

　이와 반대로, 착한 일을 많이 한 사람은 언제나 기쁨을 누린다. 누군가에게 따뜻한 말 한마디를 건넸을 때, 어려운 이를 도왔을 때, 거기서 오는 마음의 평화는 그 무엇과도 바꿀 수 없는 행복이다. 그 기쁨은 남이 준 것 같지만, 자신의 선업에 의해 되돌아오는 선물이다.

　그리고 그 복된 마음과 행위는 미래의 삶에서도 이어진다. 그래서 불교에서는 착한 사람은 천상에 태어나 즐거움을 누리게 된다고. 그것은 단순한 내세의 보상이 아니다. 올바른 삶이 가져오는 자연스러운 귀결이며, 선한 마음이 빚어내는 운명의 아름다운 흐름이다.

　우리는 모두 선택의 갈림길 위에 서 있다. 순간의 행동이 미래를 결정짓고, 마음의 움직임 하나가 인생의 방향을 바꾼다. 그렇기에 지금 이 자리에서 어떤 업을 짓느냐가 중요하다. 괴로움의 씨앗을 심을 것인가, 기쁨의 씨앗을 심을 것인가. 그 답은 언제나 자신의 손에 달려 있다.

어렵더라도 선한 일을 하라

친척과 친구들과
사랑하는 사람들을 즐겨 맞는다.
먼 타향길을 나섰다가
무사히 다시 되돌아온 그리운 사람들,

이와 같이, 이 세상을 살아 가는 동안에
착한 일을 어렵게 행한 사람은
그가 쌓은 공덕을 이 세상에서 맞게 되리.
먼 길에서 되돌아온 사람을 친지를 만나듯 반기듯이.

′ 우리는 인생을 살면서 많은 사람들과 헤어지고, 다시 만나곤 한다. 먼 길을 떠났던 누군가가 무사히 집으로 돌아올

때, 우리는 그를 반갑게 맞이한다. 친구도, 가족도, 연인도 그리운 이가 다시 돌아오는 순간은 말로 다할 수 없는 기쁨으로 가슴을 채운다.

삶의 보람이란, 그런 '돌아오는 기쁨'을 기다리는 데 있는지도 모른다. 그 기다림은 사람뿐만 아니라, 우리가 쌓아온 공덕 또한 마찬가지이다. 살면서 착한 일을 한다는 것은 쉽지 않다. 도움을 베풀고, 옳은 것을 선택하고, 불의를 외면하지 않는 것, 그 모든 것은 때로는 외롭고, 보상이 따르지 않을 때도 많다. 하지만 그런 선한 행위는 결코 헛된 것이 아니다.

공덕은 마치 먼 타향을 떠났던 누군가처럼, 언젠가 반드시 다시 우리 앞에 돌아오기 때문이다. 그리고 그 순간, 우리는 그 공덕을 마치 오랜만에 만난 친지처럼, 벅차고 반가운 마음으로 맞이하게 된다.

자신이 뿌린 씨앗을 세상은 결코 잊지 않는다. 작은 선행 하나도, 그것이 진심에서 비롯된 것이라면 언젠가는 삶이라는 들판 위에 다시 꽃을 피운다. 그러므로 오늘 내가 한 착한 선택, 따뜻한 말 한마디, 진심 어린 배려들은 언젠가 먼 길 끝에서 나를 향해 돌아올 그리운 누군가처럼, 반가운 열매가 되어 다시 찾아올 것이다. 이 구절은 불교의 인과응보와 선업의 회귀를 따뜻하고 인간적인 비유로 표현한 가르침이다.

미워하지 말라

기쁘게 살아가자 중생들이여,
이제는 우리를 미워하는 이들도 미워하지 말며
이유 없이 우리를 증오하는 이들 속에서조차
깨끗이 미움을 떨쳐 버리고 살아가자.

기쁘게 살아가자.
번민의 무리 속에 있어도 번뇌에서 벗어나 살아가자.
비록 우리가 번민 속에 있을지라도
깨끗이 번뇌를 씻고 살아가자.

′ 우리는 살아가며 언제나 기쁨을 추구한다. 그러나 때때로 우리를 미워하는 사람들과 마주하게 되고, 그들의 차가운

시선과 차가운 한마디 말에 마음이 잠시 흔들릴 때도 있다. 그렇더라도 마음속에 자리 잡은 미움을 놓아줄 줄 아는 지혜가 필요하다. 왜냐하면 그 미움은 결국 우리 자신에게 무거운 짐이 되어 돌아오기 때문이다. 그렇기에 진정한 마음의 행복을 원한다면, 미워하는 마음조차 놓아주는 지혜를 배워야 한다.

삶의 무게는 때로 우리의 마음을 걱정과 번민으로 가득 채운다. 하지만 그 번뇌에 휘둘리지 않고 마음의 중심을 바로 세울 때, 우리는 비로소 마음의 평온을 얻을 수 있다. 마음 한켠에 불안과 근심이 스며 있더라도, 그 감정들에 물들지 않고 맑고 고요한 마음으로 오늘을 살아가는 것이야말로 우리가 지향해야 할 삶의 자세이다.

그렇다. 기쁘게 살아가는 것, 그것이 진짜 행복이다. 서로의 마음에 미움 대신 사랑과 이해를 심고, 번민 속에서도 자유롭게, 부드럽게 살아가자. 그렇게 되면 우리가 늘 기다리는 따뜻한 세상을 만들어 갈 수 있다.

이 구절은 불교적 깨달음과 마음의 평화를 중심으로 한 삶의 태도를 담고 있다. 특히, 타인에 대한 미움과 내면의 번뇌를 어떻게 극복하며 기쁘고 평온하게 살아갈 것인가에 관한 가르침이다.

탐욕을 버려라

기쁘게 살아가자.
탐욕이 가득한 사람들 속에 있어도
탐욕은 버리고 살아가자.
비록 탐욕스런 사람들 속에 내가 있어도
깨끗이 탐욕을 비우고 살아가자.

우리 기쁘게 살아가자.
어느 것 하나 우리의 것이 아니라고 해도
선열禪悅의 음식으로 하여 기쁘게 살아가고 있는
저 광음천光音天의 천신天神들처럼,

삶은 때때로 욕망으로 가득 찬 사람들 속에서 견뎌내야 하는 긴 여정이다. 우리가 마주하는 이들 가운데는 탐욕에 사로잡힌 이들도 적지 않으며, 그들의 욕심은 때때로 우리의 마음을 무겁게 하고 불편하게 만들곤 한다.

　하지만 주변이 아무리 욕망으로 물들어 있다고 해도, 우리 자신만큼은 그 탐욕을 내려놓고 비우며 살아가야 한다. 이는 단순히 무언가를 거부하거나 금욕하라는 뜻이 아니다. 욕망이 가득한 현실 속에서도 우리는 내면의 평화와 기쁨을 선택할 수 있으며, 바로 그 선택이 삶의 지혜라는 것을 말하고 있다. 욕망을 버린다는 것은 세상을 등지는 것이 아니라, 그 욕망이 우리 마음을 지배하지 않도록 적절히 거리를 두는 것이다.

　이러한 가르침은 '광음천光音天'의 천신들을 떠올리게 한다. 그들은 선열禪悅, 즉 맑고 고요한 마음에서 비롯된 기쁨을 음식 삼아 살아가는 존재들이다. '광음천'은 빛과 소리의 세계로, 욕망에 얽매이지 않고 청정한 기쁨으로 가득한 천상 세계이다. 우리 역시 그들처럼 외부의 탐욕에 휘둘리지 않고, 내면의 평화를 길러낼 수 있다.

　그 기쁨은 물질에서 오는 것이 아니라, 맑고 자유로운 마음에서 비롯된다.

  결국 이 가르침은 우리에게 한 가지 중요한 질문을 던진다. '욕망과 탐욕이 넘치는 이 세상 속에서, 당신은 어떤 마음으로 살아가겠는가?' 그에 대한 답은 분명하다. 탐욕을 내려놓고, 마음속에서 빛과 소리처럼 맑은 기쁨을 선택하며 살아가라는 것이다. 그 길 위에서 우리는 진정한 행복을 만날 수 있다.

인내하라

이런 사람을 진정한 바라문이라 한다.
어떤 억울한 누명을 쓰거나 폭력에도
꺾이지 않는 자비심으로 굳게 견뎌내는 사람을,
무적의 군대와 같고 온유한 인욕심忍辱心을 가진 사람을.

〃진정한 바라문(수행자)이란 어떤 사람일까? 그는 억울한 누명을 쓰거나 뜻하지 않은 폭력 앞에서도 마음의 평정을 잃지 않는다. 미움으로 맞서기보다는 자비로 받아들이고, 분노 대신 이해로 그 상황을 견뎌낸다. 그 자비는 연약함이 아니라 깊은 내면에서 우러나는 힘이며, 진정한 지혜에서 비롯된 응답이다.

그러한 바라문은 강하지만, 그 강함은 무력이나 억압에서 오지 않는다. 마치 무적의 군대처럼 단단하면서도, 그 중심에는 언제나 온유한 인욕의 마음이 자리 잡고 있다. 인욕이란 모욕과 고통을 그저 참는 것이 아니라, 그것을 끌어안고 품어 안는 넓은 마음이다. 상처를 사랑으로 감싸는 그 넉넉한 침묵 속에서, 오히려 진정한 인간의 위엄이 빛난다.

이러한 이가 곧, 불교가 말하는 '진정한 바라문'이다. 세상의 억압과 욕설, 오해 속에서도 자기 자신을 잃지 않고, 고요한 중심을 지켜내는 사람. 그는 세상을 등지지 않으면서도 세상에 물들지 않는 사람이다. 그 마음 하나가 세상에서 가장 부드럽고도 단단한 무기가 된다.

이 구절은 인욕忍辱과 자비慈悲의 덕성을 중심으로 한 불교적 이상 인간상, 즉 진정한 바라문Brahman의 모습을 묘사하고 있다.

초연하라

산산이 부서져 버린 이젠 소리조차 없는 징과 같은
그 어떤 자극에도 그대의 입이 끝내 침묵한다면
그대의 내면은 이미 적멸에 당도하였나니
세상의 온갖 다툼 속에도 멀어져 초연해졌도다.

′ 삶 속에서 우리는 끊임없는 소음과 자극에 둘러싸여 살아간다. 세상의 크고 작은 다툼, 불필요한 말들, 그리고 흔들리는 감정들 사이에서 내면의 평화를 찾는 일은 결코 쉬운 일이 아니다.

그럴 때 문득 '징'이라는 금속 타악기의 이미지를 떠올릴 수 있다. '징'은 맑고 깊은 울림으로 주위를 일깨우는 도구이지만, 만약 그것이 산산이 부서져 소리조차 낼 수 없다면, 그 순간 우리는 뜻밖의 침묵과 마주하게 된다. 이 침묵은 단순히 소리가 없는 상태가 아니라, 외부의 그 어떤 자극에도 흔들리지 않는 완전한 내면의 평화를 상징한다.

　말로 무엇을 표현하지 않고도 침묵을 지킬 수 있다는 것은, 마음이 이미 세상의 소음과 갈등을 넘어섰다는 증거이다. 그 고요한 침묵 속에는 번뇌와 집착이 사라진 적멸寂滅의 세계가 펼쳐져 있다.

　불교에서 말하는 적멸은 모든 번뇌가 사라지고 깊은 평온이 깃든 상태, 곧 마음의 가장 깊은 자유와 고요가 머무는 곳이다. 이러한 내면의 경지에 이르면, 우리는 세상의 혼란과 다툼을 한 걸음 물러나 담담히 바라볼 수 있게 되고 그 어떤 말과 상황에도 휘둘리지 않고, 중심을 잃지 않는다. 그것이야말로 진정한 자유요, 평화인 것이다.

　결국 평화란 외부의 조건에 의해서가 아니라, 그 어떤 자극에도 흔들리지 않는 내면의 침묵과 고요 속에서 찾아지는 것이다. 만약 우리가 이 적멸의 경지에 닿을 수 있다면, 세상의 소음과 갈등을 넘어 마음 깊은 곳에서 참된 평온을 누릴 수 있을 것이다. 삶은 결국 바깥의 소리에 휘둘리는 여정이 아니라, 내면의 침묵 속에서 진정한 나를 발견해 가는 여정이다.

집착을 끊어라

칠각지七覺支로 잘 닦은 마음은
모든 탐욕과 집착을 없애
비로소 무욕의 즐거움을 누리게 되며
그 번뇌가 다할 때
비로소 이 세상에서 반열반般涅槃을 얻게 되나니
참으로 거룩하고 지고地高한 존재가 되리.

삶은 끝없이 이어지는 욕망의 흐름 속에 놓여 있다. 우리는 더 많은 것을 바라며, 더 높이 오르려 애쓴다. 그러나 마음은 언제나 평화롭지 않고, 만족은 쉽게 닿지 않는다. 이처럼 끊임없이 요동치는 자기 마음을 다스리기 위해, 불교는 '칠각지七覺支'라는 일곱 가지 수행의 지침을 전해준다. 그것은 단순한 금욕이 아니라, 삶을 더 깊이 바라보는 방식이다. 바르게 알아차리는 '정념正念', 지혜롭게 분별하는 '택법擇法', 꾸준한 '정진', 수행에서 피어나는 '기쁨', 편안한 몸과 마음의 '경안輕眼', 깊은 '집중'〔정定〕, 마지막으로 집착 없는 '평정심'〔사捨〕. 이 일곱 가지는 혼란한 세상 속에서도 꿋꿋이 중심을 지켜가는 마음의 뿌리가 되어 준다.

이러한 마음의 길을 따르다 보면, 어느새 내 안의 탐욕과 집착이 조금씩 사라져 가고 그것들이 사라질수록, 우리는 더 이상 외부의 조건에 기대어 기쁨을 찾지 않아도 되고 대신 그 자리에 고요하고 단단한 평화가 피어난다. 이것이 바로 '무욕'의 즐거움이다. 비워졌기 때문에 가볍고, 욕망에 끌리지 않기 때문에 자유롭다. 그리고 마침내, 모든 번뇌가 다하고 나면, 우리는 이생에서 '반열반般涅槃'의 경지에 이를 수 있다.

이것은 죽음 이후에나 가능한 것이 아니라, 살아 있는 지금 이 순간에도 가능한 마음의 경지이다. 외부의 자극에 흔들리지 않는 중심, 고요 속의 기쁨, 말 없는 해탈. 그 자리에 머무는 이가 바로 거룩한 성자의 모습이다. 물론, 세상의 기준으로는 보이지 않을지 모른다. 그러나 그 마음은 가장 순수한 빛처럼 세상을 비추고, 고요히 흐르며 사람들의 마음을 맑히는 힘이 있다. 어쩌면 진정한 삶의 기쁨은, 더 많이 갖는 데 있는 것이 아니라 덜 바라고, 덜 집착함으로써 더 깊이 느끼는 평화 속에 숨어 있다.

그러므로 '칠각지'의 수행은 우리 마음을 깨끗이 하고 욕망과 집착을 없애 마침내는 세상의 고통에서 벗어난 완전한 해탈과 평화를 얻는 길임을 보여준다.

깨달음에 이른 이는

백조가 해 높이까지 날아가 버리듯이
깨달음에 이른 사람은 자취도 없이 열반에 이른다.
반야를 얻은 사람은 마摩와 마군魔軍을 떨쳐,
윤회의 세상을 한 번에 벗어난다.

′백조가 힘차게 날아올라, 떠오른 태양이 머무는 높은 하늘까지 올라가면 어느 순간 그 모습은 시야에서 사라진다. 마치 백조가 하늘과 하나가 되어 자취조차 남기지 않는 것처럼, 깨달음을 이룬 이 또한 이 세상의 모든 번뇌와 집착을 벗어나, 열반이라는 고요하고 완전한 경지에 이르게 된다. 그리고 이러한 열반에 든 존재는 더 이상 세상의 속박에 얽매이지 않으며, 모든 고통과 괴로움으로부터 항상 자유로워진다.

그리고 '반야般若'의 지혜를 얻은 이는 마음속의 어둠과 방황을 말끔히 떨쳐내며, 마치 악마와 마군이 사라지듯 내면의 혼란과 장애가 모두 사라진다.

이 깨달음은 단순한 마음의 변화가 아니다. 그것은 생과 사의 무한한 윤회에서 단번에 벗어나는 결정적인 전환점이며, 단 한 번의 진정한 통찰로 삶과 죽음의 굴레를 초월해 근원적인 자유에 이르는 길이다.

이처럼 이 구절은 깨달음의 경지가 얼마나 높고도 깊은지를, 해가 떠 있는 하늘까지 올라가는 백조의 아름다운 이미지에 빗대어 전한다. 결국 참된 지혜와 해탈은 모든 괴로움의 끝이며, 영원한 평화의 문을 여는 열쇠임을 말해준다.

참선 수행

선정삼매와 위빠사나를 갈고 닦아
피안에 다다른 진정한 바라문이여,
비로소 깨달음을 얻어
일체의 속박에서 벗어나 해탈解脫을 이루도다.

′ 우리는 모두 삶이라는 깊은 강을 건너고 있다. 이 강물은 때로는 거세게 요동치고, 때로는 고요히 흐르지만, 누구도 예외 없이 그 물살 속에서 번뇌와 욕망, 집착이라는 무게를 짊어진 채 나아간다. 그러나 그 강의 건너편, 피안彼岸이라 불리는 저편에 이르는 길이 있다. 만약 우리가 그 길을 깨닫고 따를 수 있다면, 더 이상 세상의 속박에 흔들리지 않고, 참된 해탈과 자유를 얻을 수 있을 것이다.

그 길이란 다름 아닌 불교의 깊은 수행법인 '선정삼매禪定三昧'와 '위빠사나'이다. 이 두 수행은 마치 깨달음에 이르는 두 바퀴와도 같다. '선정삼매'는 마음을 한곳에 고요히 집중함으로써 내면의 평온을 이루는 수행법으로써 번뇌와 욕망의 파도에서 벗어나는 기반이 되며, 혼란한 마음을 잠재우고 맑은 통찰을 위한 토대를 마련해 준다. 위빠사나, 즉 반야般若의 지혜는 사물의 본질을 꿰뚫어 보는 통찰력이다. 모든 존재가 무상無常하고, 고苦이며, 무아無我라는 사실을 깊이 통찰함으로써 우리는 세상에 대한 집착을 놓는다.

그리고 이 두 수행을 함께 갈고닦은 이는 마침내 생사의 강을 건너 피안, 즉 깨달음의 저편에 이르게 된다. 불교에서는 이러한 이들을 '진정한 바라문'이라고 부른다. 여기서 말하는 바라문은 단순한 신분이 아니라, 마음의 속박을 끊고 스스로 해탈을 이룬 거룩한 존재를 뜻한다.

이 짧은 게송은 우리에게 이렇게 묻고 있다. "당신은 번뇌의 이편에 머물겠는가, 아니면 수행과 지혜로 피안을 향해 나아가겠는가?" 이렇게 수행자의 여정을 압축적으로 보여주고 있으며 그 길이 누구에게나 열려 있고 참된 자유는 외부에 있는 것이 아니라 깊은 집중과 통찰을 통해 스스로 다다를 수 있는 내면의 지점임을 조용히 일깨워 준다.

불멸의 기쁨

자신 안에 든 오온伍蘊이
순간적으로 일어나고 사라지는 것을
깨달은 이는
불멸의 행복과 기쁨을
얻게 되리라.

불교에서는 인간 존재를 '오온五蘊'이라는 다섯 가지 요소로 설명한다. 이것은 '색形, 수受, 상相, 행行, 식識'으로, 우리가 '나'라고 느끼는 모든 몸과 마음의 활동을 이루는 기본 바탕이다. 그러나 이 '오온'은 결코 고정되어 있지 않다. 우리의 감정과 생각은 하루에도 수없이 피어올랐다가 사라진다. 이렇듯 '오온' 또한 끊임없이 변화하며 흐르고 있다는 것이다. 심지어 일시적으로 일어나는 기쁨과 슬픔이나 생각과 의지조차도 잠시 일어났다 사라지는 무상한 과정일 뿐이라는 것이다.

이렇듯 오온에는 '고정된 실체가 없다'는 사실을 꿰뚫어 보게 되면 더 이상 '이것이 나다. 이 감정이 내 것이다'라는 관념에 집착하지 않게 된다는 뜻이다. 대신 모든 것을 있는 그대로 보고, 흘려보낼 수 있는 진정한 여유가 생기고 그 순간, 그 어떤 변화에도 흔들리지 않고, 그 무엇에도 얽매이지 않는 불멸의 평안과 기쁨이 그 마음에 깃들게 된다는 것이다.

언제나 기쁨과 행복에는 조건이 따른다. 그러나 깨달음에서 오는 기쁨은 조건이 없고, 사라지지 않고 깊으며 평온하다. 말하자면 눈으로 보는 것들과 내 안의 모든 것들은 결국엔 스쳐 지나가는 한갓 그림자에 불과하다. 이를 온전히 받아들이게 되면, 우리는 그 어떤 감정에도 붙들리지 않고, 오롯한 고요 속에서 참된 자신과 마주할 수 있다. 이것이 이 게송이 전하고자 하는 깊은 가르침이다.

불생불멸의 기운

대장부의 기운으로
갈애를 끊고 없애 버린 바라문이여,
탄생한 모든 것은 결국 사라 없어진다는 것을 깨닫는 찰나
불생불멸不生不滅의 모든 것을 증득證得하게 되리라.

✓ 모름지기 진정한 수행자는 '대장부의 기운'을 지닌 사람이다. 여기서 말하는 '대장부의 기운'이란, 세상의 온갖 유혹에도 흔들리지 않는 강건한 정신력과 통찰력, 그리고 망설임 없는 결단력을 의미한다. 이러한 내적 힘을 지닌 사람은 마음 깊은 곳에 자리한 갈애渴愛, 곧 끊임없이 갈망하고 집착하려는 욕망의 뿌리를 스스로 끊어내며, 마침내 완전히 소멸시킨다.

그때 비로소 그는 생겨나는 모든 것은 결국 사라지고야 만다는 세상의 이치를 직관적으로 꿰뚫어 보게 된다. 이 통찰은 단순한 이해를 넘어, 몸과 마음으로 깊이 체험하는 찰나의 깨달음이다. 그리고 그는 이 깨달음을 통해 더 이상 생멸生滅의 굴레에 얽매이지 않고, 태어남도 사라짐도 없는 '불생불멸不生不滅'의 진리를 증득하게 된다.

여기서 말하는 '불생불멸'이란, 생겨나지도 않고 사라지지도 않는 근원적인 실상을 의미한다. 이는 끊임없이 변해가는 세상 너머에 존재하는 변하지 않는 본질이며, 생사의 고통으로부터 완전히 벗어난 궁극의 자유이다. 다시 말해, 그곳은 태어남과 죽음이라는 양극단을 모두 초월한 자리요, 모든 집착과 번뇌가 사라진 진정한 평화의 공간이다.

결국 이 깨달음은 모든 속박으로부터 벗어난 해탈解脫의 경지이며, 진정한 자유와 고요가 머무는 자리다. 오직 이러한 경지에 도달한 사람만이 괴로움의 원인을 끊어내고, 어떤 상황에도 흔들리지 않는 깊은 침묵 속에 머물 수 있다. 바로 이 자리에 선 자를 우리는 진정한 바라문이라 부른다. 그것은 단지 신분이 아닌, 진리를 깨달은 자에게 주어지는 가장 거룩한 이름인 것이다.

환희심

여래의 가르침에 환희심이 일어나고
여래의 가르침에 고요를 깨달은 비구여.
불생불멸의 청정함을 요달하게 되리라.
이윽고 갈애와 고락苦樂이 다해버린 곳에서.

′ 일반적으로 '여래'란, 진리를 완전히 깨달아 그 진리에 따라 이 세상에 온 존재, 다시 말해 생사와 번뇌를 초월하여 완전한 자유와 자비를 실현한 부처님을 의미한다. 이 이름은 단순한 존칭이 아니라, 깨달음을 이룬 존재의 삶의 방식 그 자체를 가리키는 말이다.

이 게송에서 '여래의 가르침에 환희심이 일어난다'는 표현은, 부처님의 가르침을 듣고 그 진실함과 깊이에 마음이 열리며 감동과 기쁨이 솟아나는 상태를 뜻한다. 진리 앞에 자연스레 마음이 깨어나고, 감정이 고요한 기쁨으로 물드는 순간을 말하는 것이다.

또한 '여래의 가르침에 고요를 깨달은 비구'는 단지 일시적인 기쁨을 넘어, 세상의 소음과 혼란, 속박을 벗어나 내면 깊은 곳에서 진정한 평온을 체험한 수행자를 가리킨다. 그리하여 '불생불멸의 청정함을 요달하게 되리라'는 구절은, 생겨나고 사라지는 모든 것의 본질을 꿰뚫어 보아, 번뇌가 섞이지 않은 깨끗하고 영원한 진리를 깊이 통찰하게 된다는 의미이다. 이 깨달음은 순간의 감정이 아니라, 근원적이고 변하지 않는 평화의 상태를 뜻한다.

마지막으로, '갈애와 고락이 다해버린 곳'은 욕망과 집착, 고통과 쾌락의 모든 감정이 소멸된 경지, 다시 말해 마음이 그 어떤 것에도 묶이지 않고 완전히 자유로워진 상태를 가리킨다.

요약하자면, 이 게송은 부처님의 가르침을 통해 환희를 느끼고, 고요한 평화를 깨달은 수행자가 마침내 모든 집착과 번뇌를 넘어 불생불멸의 청정한 진리에 도달하는 여정을 아름답고도 깊이 있게 그려내고 있다.

자신을 잘 다스려라

어떤 일체의 생명도 해치지 않으며
빈틈없이 자신의 육신을 다스리는 어진 사람은
불멸의 열반에 이를 수 있나니
그곳엔 그 어떤 괴로움도 있을 수 없네.

ˊ 생명 있는 어떤 존재라도 해치지 않고, 항상 자비로운 마음을 지닌 사람은 세상을 해치려는 의도를 마음속에서부터 끊어낸 사람이다. 그는 타인을 해치지 않을 뿐만 아니라, 그 어떤 생명도 고통받지 않도록 깊은 연민으로 세상을 바라본다. 그런 마음가짐은 단순한 도덕을 넘어서, 존재하는 모든 생명을 있는 그대로 존중하는 수행자의 자세를 나타낸다.
또한 그는 자신의 몸과 마음을 철저히 다스릴 줄 안다. 일시적인 감정에 휘둘리지 않으며, 욕망과 분노, 게으름 같은 유혹에 무너지지 않기 위해 끊임없이 자신을 살펴보고 절제할 줄 안다. 특히 말과 행동을 조심하고, 생각 하나까지도 자각하며 지내는 사람은, 곧 자신을 온전히 책임질 줄 아는 지혜로운 존재이다. 이렇게 자비로우며 절제된 삶을 살아가는 사람은 마침내 열반에 이를 수 있다는 것이다.

그 열반은 단순한 안식이나 평온이 아니다. 태어남과 죽음, 기쁨과 슬픔을 넘어선, 모든 속박과 고통으로부터 벗어난 궁극의 자유이다. 그곳에는 더 이상 괴로움이 존재하지 않으며, 어떤 슬픔도 근심도 닿을 수 없다. 이것이 바로 수행의 길을 바르게 따르는 자가 도달할 수 있는 자리이며, 우리가 삶 속에서 지향해야 할 궁극의 평화이다.

이 게송은 모든 생명에 대한 자비와 자기 수련을 통해 괴로움에서 벗어나 진정한 자유와 평화를 얻는 길을 밝히고 있다.

갈애의 불길을 멈추게 하라

꺼지지 않는 갈애의 불길을 멈추게 한 사람은
살아 있는 동안 그 어떤 고통도
그에게 스며들지 않는다.
마치 연잎이 물방울에 젖지 않듯이.

 '꺼지지 않는 갈애의 불길'은 끝없이 타오르는 욕망과 집착, 마음속 깊은 불안을 상징한다. 이 불길은 사람의 마음을 끊임없이 괴롭히고 고통을 일으키는 원인이다. 하지만 이 불길을 멈추게 한 사람, 즉 갈애를 끊고 욕망으로부터 자유로워진 이는 살아 있는 동안 어떤 고통도 마음속에 스며들지 않는다. 이것은 곧 내면의 평화와 해방을 뜻한다.
　여기서 '마치 연잎이 물방울에 젖지 않듯이'라는 비유는 매우 인상적이다. 연잎은 물을 튕겨내고 젖지 않는 성질이 있듯이, 그 사람의 마음도 세상의 고통과 번뇌를 그대로 받아들이지 않고 깨끗이 흘려보내는 상태를 보여준다.

다시 말해, 욕망과 집착에서 벗어난 사람은 외부의 어려움이나 고통에도 흔들리지 않고 마음의 평정을 유지하며 살아갈 수 있다는 깊은 진리를 전하고 있다.

이 구절은 갈애, 즉 강한 욕망과 집착을 끊어낸 사람이 누리는 평화로운 상태를 아름다운 비유로 표현하고 있다.

8장

정정 正定

:

내 마음을 고요한 명상으로 이끌어라

욕망을 버려라

열반에 이른 사람은
다른 존재에 대해 맹신자가 될 수 없네.
그는 윤회의 사슬을 스스로 끊었으며
스스로 업보를 벗어나 욕망의 뿌리를 뽑아 버렸네.
그리하여 그를 두고 출장한 장부라 할 수 있으리.

 '열반'에 이른 사람은 더 이상 누구를 맹목적으로 믿지 않으며, 외부의 권위나 신념에 의지하지 않는다. 그러한 자는 스스로 수행하고 체험함으로써 진리를 꿰뚫어 보고, 참된 지혜의 눈으로 세상을 바라본다는 뜻이다. 그런 사람은 '믿는 자'가 아니라, '아는 자'이며, 더 이상 누구의 말이나 사상에도 끌려 다니지 않는다.

여기에서 '열반'이란, 번뇌의 불이 완전히 꺼진 상태를 말한다. 그 불이란 탐욕과 분노, 어리석음의 불이며, '열반'은 그것들이 더 이상 일어나지 않는 고요한 마음의 경지다. 이는 단순히 고통이 없는 상태가 아니라, 고통을 고통이라 여기는 집착과 자아가 사라진 상태이다.

그렇기에 이러한 '열반'에 이른 사람은 생사生死의 끝없는 반복인 윤회의 사슬을 스스로 끊었고, 자신의 지혜와 힘으로 해탈에 이르러 다시는 태어나지도, 죽지도 않으며, 세상의 어떤 조건에도 속박되지 않는다.

이렇듯 생사와 업의 전장을 온전히 통과해 나온 사람은 진정한 장부丈夫라 할 수 있으며, 세상의 고통을 넘어 궁극의 평화를 이룬 위대한 존재로 찬탄을 받는다는 뜻이다.

이 구절은 깨달음을 이룬 이는 외부에 의존하지 않고 스스로 자유로우며, 윤회의 굴레에서 벗어나 욕망을 뿌리째 뽑아내 진정한 해탈과 평화를 얻은 용맹한 존재임을 전하고 있다.

마음속의 열반을 찾으라

소란스러운 저자거리든 고요한 산속이든
골짜기든, 언덕이든지
스스로 마음속에서 열반의 길을 찾은 아라한
그가 머무는 곳마다 안락의 땅이 아닌 곳이 없어라.

깨달음을 이룬 아라한은 외부의 환경에 조금도 흔들리지 않는다. 소란한 저잣거리든, 고요한 산속이든, 골짜기든 언덕이든 그가 머무는 곳이 어디든지 상관없다. 왜냐하면 그는 스스로 마음속에서 열반의 길을 찾은 자이기 때문이다. 아라한에게 평화와 안락은 외부의 조건에서 오는 것이 아니라, 내면에서 비롯된다. 그러므로 그의 마음은 항상 고요하며, 그가 있는 자리는 곧 안락의 땅이 된다. 진정한 평화란 장소에 있는 것이 아니라, 그러한 마음 상태에서 비롯되는 것임을 일러주고 있다.

  일반적으로 불교에서 아라한Arhat은 번뇌를 모두 끊고 열반에 이른 자, 즉 윤회의 고통에서 완전히 해탈한 성자를 뜻하는데 원뜻은 '공경받을 만한 이'라는 뜻을 담고 있다.

  이 구절은 내면에서 진정한 깨달음과 평화를 이룬 아라한 같은 이는 어떤 환경에 있든 마음속에서 열반의 길을 찾으면 그곳이 바로 평화와 안락의 공간이 된다는 깊은 진리를 전하고 있다.

깨달음을 얻은 사람

그의 마음은 쉬어 이미 고요하고
행동과 부질없는 말도 쉬어 묵묵하고 의연하다.
깨달음으로 해탈을 얻은 사람
적멸의 땅에서 쉬고 있네.

′ 그의 마음은 이미 깊은 고요 속에 머무르고 있다. 복잡한 생각과 감정은 어느새 멈추었고, 내면은 평화로 가득 차 있다. 행동 또한 마찬가지다. 불필요한 말과 허황된 행동은 사라지고, 그는 묵묵히 자신의 길을 걷는다. 세상의 소음과 번잡함에 흔들리지 않는 의연함이 그를 감싼다.
 이러한 상태는 단순한 평화가 아니다. 그것은 깨달음을 통해 얻어진 해탈의 경지이다. 해탈한 이는 욕망과 집착에서 자유로워져 더 이상 마음의 혼란에 휘둘리지 않는다. 그가 머무는 곳은 '적멸'이라 불리는 궁극의 고요함이다. 여기에서 '적멸'이란 모든 번뇌와 집착이 사라져 완전한 고요와 평화, 자유를 이룬 해탈의 경지를 뜻한다.

　결국 이 구절은, 삶의 소란과 번민 속에서 벗어나 참된 평화와 자유를 얻은 사람의 내면과 모습을 아름답게 그려낸다. 그의 고요함은 단순한 침묵이 아니라, 세상과 자신의 욕망을 꿰뚫어본 끝에 도달한 흔들림 없는 자유의 자리이다.

불법佛法을 진실로 행하라

많은 말을 늘어놓는다고
불법을 충실히 따르는 사람이 아니다.
비록 듣고 배운 것이 적다 할지라도
법을 진실로 깨달은 사람이 있으니
그는 진정으로 불법을 받들어 행하는 사람.
그는 누구보다도 법을 남에게 잘 전하는 사람이다.

✓ 이 글은 '불법佛法'을 따르는 진정한 자세와 그 가치에 대해 깊이 성찰하게 한다. 먼저, '많은 말을 늘어놓는다고 불법을 충실히 따르는 사람이 아니다'라는 구절은 단순히 말이 많거나 지식이 풍부하다고 해서 불법을 제대로 이해하거나 실천하는 것은 아니라는 점을 분명히 지적하고 있다. 그보다

중요한 것은 불법을 외우거나 이론적으로 많이 아는 것과는 별개로, 진짜 중요한 것은 그 가르침을 마음속 깊이 깨닫고 삶 속에서 실천하는 태도이다.

'비록 듣고 배운 것이 적다고 할지라도 법을 진실로 깨달은 사람이 있으니'라는 부분은, 많은 양의 학습보다 깨달음의 깊이가 더 중요하다는 사실을 강조한다. 배운 게 적어도 불법의 본질을 체득한 사람은 그 깨달음 자체가 곧 진정한 불법의 실천이며, 그만큼 의미가 크다는 뜻이다.

'그는 진정으로 불법을 받들어 행하는 사람'이라는 문장은, 깨달음이 행동으로 이어졌을 때 비로소 불법을 따르는 진정한 사람이 된다는 말이다. 깨달음을 자기 삶 속에 실천함으로써 그는 불법을 자신의 것으로 만들고 있다.

마지막으로 '그는 누구보다도 법을 남에게 잘 전하는 사람이다'라는 구절은, 진심으로 깨달은 이야말로 남들에게 진실한 가르침을 나눌 수 있는 사람으로서 법을 진실로 따르고, 널리 전하는 참된 수행자임을 강조한다. 말이 많아서가 아니라, 깨달은 깊이와 삶의 태도에서 우러나오는 진실함이 진정한 법의 전수임을 보여준다. 불법의 진정한 의미와 가치는 '많은 말'이나 '많은 배움'이 아니라, 깨달음과 그 실천에 있음을 일깨워 준다.

나이 듦의 뜻

그저 머리가 희게 세어 간다고
다 고승高僧이 되는 것은 아니다.
부질없이 나이만 먹고 헛되이 늙었거니
아무 보잘 것 없는 속 빈 늙은이네.

깨달음과 넘쳐나는 덕과 자비심,
또한 푸르고 맑은 계행과 너그러움
번뇌의 오명을 벗고 비로소 성취한 반야.
이것을 모두 갖춘 사람을 고승,
또는 대덕大德이라 한다.

흰머리가 점점 늘어가는 것은 누구에게나 자연스러운 현상이다. 세월의 흐름 속에서 몸은 늙고 머리는 희어진다. 그러나 과연 이 겉모습의 변화만으로 그 사람이 '고승'이라 불릴 자격을 얻을 수 있을까? 결코 그렇지 않다는 것이다. 나이 듦과 진정한 깨달음은 전혀 별개의 문제이기 때문이다.

　우리는 종종 노인을 보면 그저 삶의 경험이 많고 지혜가 쌓였을 것이라 믿는다. 하지만 나이만 먹고 속이 텅 빈 채 허무하게 늙어가는 이들도 적지 않다. 그들은 외형적으로는 늙었지만, 내면은 여전히 번뇌에 사로잡히고 집착에서 벗어나지 못한 '속 빈 늙은이'에 불과하다. 그러므로 단순히 나이가 많다는 이유만으로 존경받거나 '고승'이라는 칭호를 받는 것은 부적절하다.

　진정한 고승이 되기 위해서는 나이와 상관없이 깨달음이 필요하다. 깨달음은 곧 진리의 깊은 이해이며, 그것에 기반한 덕과 자비심이 넘쳐흐르는 상태를 의미한다. 또한 삶의 자세 역시 청정해야 한다. 푸르고 맑은 계행, 즉 올바르고 순수한 행실을 지키고, 타인에 대한 너그러움과 포용력도 함께 갖추어야 한다. 이런 덕목들은 단지 머리가 희어졌다고 자동으로 얻어지는 것이 아니다.

가장 중요한 것은 마음의 번뇌를 벗어나는 일이다. 번뇌란 집착, 미움, 어리석음 같은 마음의 어두운 그림자를 뜻한다. 이를 뛰어넘고 성취하는 '반야' 즉 지혜의 완성은 오직 끊임없는 수행과 깊은 성찰을 통해서만 가능하다. 이 모든 조건을 갖춘 사람이야말로 진정한 고승이며, '대덕'이라 불릴 만한 자격이 있는 것이다.

결국, 나이 듦은 단순히 몸의 변화를 뜻할 뿐, 그것이 곧 정신적·영적 성숙을 보장하지는 않는다. 진정한 고승은 외모가 아닌 내면의 지혜와 자비, 청정한 삶을 통해 완성된다. 우리 모두는 겉모습이 아닌 내면을 돌아보고, 참된 덕과 깨달음을 향해 나아가야 한다.

이 구절은 단순히 나이 들어 외모가 변하는 것만으로는 고승이 될 수 없으며, 깨달음과 자비, 청정한 삶을 통해 내면이 성숙한 사람만이 진정한 고승과 대덕으로 존경받는다는 깊은 진리를 전하고 있다.

성인聖人이란

묵언을 실천한다고
다 성인聖人이 되는 것이 아니다.
비록 오랫동안 여전히 어리석고
무명 속에서도 벗어나지 못한다면,

스스로 세상의 중심에 서서 저울을 달듯이
가치와 덧없는 것을 명쾌하게 판단할 줄 아는
그런 지혜를 가진 사람이 진정한 성인이다.
그는 이 세상의 양변에 저울을 단다.

'묵언 수행', 즉 말을 아끼고 침묵하는 것은 오랜 수행 전통에서 중요한 덕목으로 여겨진다. 말의 소란함을 줄이고 내면의 소리에 귀 기울이려는 노력은 분명 의미 있는 수행의 한 방법이다. 그러나 그저 침묵한다고 해서 누구나 성인이 되는 것은 아니다.

오랜 시간 묵언을 실천한다고 하더라도 마음속에 어리석음이 남아 있고, '무명'에서 벗어나지 못한다면, 그 침묵은 단지 소리 없는 공허일 뿐이다. 진정한 성인이란 내면의 혼돈과 무지에서 벗어나 명료한 지혜를 갖춘 사람이다. 그는 세상의 중심에 서서 저울을 달듯이 사물의 가치를 분별하고, 덧없고 헛된 것들을 명쾌하게 판단할 줄 안다. 이 지혜는 단순한 지식이나 정보의 축적이 아니라, 사물과 현상의 본질을 꿰뚫어 보는 깊은 통찰이다.

성인은 세상의 양극단을 저울질하는 사람이다. 선과 악, 진리와 허무, 가치와 무가치를 공정하게 바라보고, 그 어느 한쪽에도 치우치지 않으면서 균형 잡힌 시각으로 세상을 조망한다. 이러한 지혜 없이는 침묵도 무의미하다.

결국, 침묵은 성인의 길에서 하나의 도구일 뿐이며, 진정한 성인은 침묵 너머의 지혜와 분별력을 갖춘 자임을 잊지 말아야 한다. 우리는 겉으로 드러나는 침묵만을 좇기보다, 그 속에 담긴 깊은 깨달음과 통찰을 추구해야 한다.

한 생명도 해치지 말라

생명을 해치는 사람은
성자라 할 수가 없느니
일체의 중생에게 대자비심을 지닌
불살생不殺生의 어진 사람을 성자聖者라 한다.

＇생명을 해치는 사람은 결코 성자라고 불릴 수 없다. 성자란 단지 높은 깨달음을 얻은 사람이 아니라, 모든 생명을 존중하고 아끼는 사람을 말한다. 생명의 소중함을 깊이 이해하고, 일체 중생에게 한없는 자비심을 지니는 이가 바로 진정한 성자이다.

대자비심은 성자의 본질이다. '대자비'란 한계 없는 사랑과 연민으로, 모든 존재를 향해 열려 있는 마음이다. 성자는 자신과 다르다고 하여 차별하지 않고, 모든 생명을 평등하게 보며 그들을 보호하려는 의지를 가진 사람이다. 이 자비심은 단순한 감정이 아니라, 생명을 해치지 않는 '불살생'의 태도로 실천된다.

따라서 생명을 존중하는 자세 없이, 그 어떤 수행이나 깨달음도 진정한 성자의 조건을 충족시킬 수 없다. 생명을 해치는 행위는 깨달음의 빛을 흐리게 하고, 참된 자비의 길에서 멀어지게 만든다. 성자는 모든 말과 행동에서 생명의 가치를 지키는 어진 사람이어야 한다.

따라서 이 구절은 생명을 소중히 여기고 모든 존재에 대해 자비심을 실천하는 사람이야말로 진정한 성자이며, 반대로 생명을 해치는 사람은 성자의 자격이 없다는 깊은 가르침을 전하고 있다.

생사生死의 가시

완전한 경지에 이른 사람은
두려움이 없으며 목마름도 없으며
죄업도 없네.
생사의 모든 가시를 다 뽑아 없애버렸으니
이것이 그가 받은 마지막 육신이니라.

　′ 완전한 경지에 이른 사람은 더 이상 두려움에 흔들리지 않는다. 욕망의 목마름도 사라지고, 마음을 어지럽히는 죄업도 더 이상 그를 붙잡지 못한다. 이런 이는 이미 내면의 모든 고통과 집착을 벗어던진 상태에 있다.
　생과 사의 고통을 비유하는 '가시'를 모두 뽑아내고 없애버린 그는, 더 이상 윤회의 굴레에 묶이지 않는다. 이는 그가 받은 마지막 육신, 즉 더 이상 다시 태어나지 않을 몸임을 뜻한다. 완전한 깨달음에 이른 자에게 현재의 삶은 끝이자 완성이다.

이 자유는 단순한 해방이 아니라, 그것은 깊은 평화와 완전한 자각, 그리고 진정한 존재의 본질을 깨닫는 경지다. 완전한 경지에 이른 이는 모든 두려움과 집착에서 벗어나 진정한 자유를 누리며, 생명의 무한한 순환을 초월한다.

우리가 지향해야 할 깨달음의 끝은 바로 이 지점이다. 두려움 없는 마음, 욕망 없는 자유, 그리고 죄업을 초월한 존재로서의 완전한 해탈이다. 완전한 경지에 이른 이는 모든 것에서 벗어나 참된 평화와 자유를 체험하는 성자의 모습이다.

이 구절의 가르침은 완전한 깨달음에 이른 사람은 모든 두려움과 욕망, 업의 고통에서 벗어나 생사의 고통을 초월한 마지막 육신을 받아 진정한 해탈과 평화를 이룬 존재임을 아름답게 표현하고 있다

갈애와 애착을 끊어라

갈애와 애착을 끊고
옛 경전의 문장과 그 뜻을 깊이 체득하며
그 앞과 뒤를 꿰뚫어 여실히 통한 사람,
이것이 그에게는 마지막 육신이니
그는 위대한 성인이니
그를 두고 진정한 대장부라 할 수 있으리.

✔ 진정한 성인은 욕망과 애착을 끊어낸 사람이다. 갈애, 즉 목마르듯 갈망하는 마음과, 어떤 대상을 놓지 못하는 애착은 인간의 근원적인 고통이다. 그 고리를 끊어낸 이는 더 이상 세상에 휘둘리지 않으며, 고요한 마음으로 진실을 향해 나아간다.

그러나 그것만으로는 부족하다. 성인은 단지 욕망을 제어하는 사람이 아니라, 진리를 체득한 사람이다. 옛 성현들이 남긴 경전의 문장을 머리로만 외우는 것이 아니라, 그 깊은 뜻을 가슴으로 받아들이고, 삶 속에서 실천하며 몸으로 살아내야 한다. 경전의 앞과 뒤, 문맥과 본질을 꿰뚫어 보고, 그 전체적인 진의眞意를 여실히 통달한 자. 그런 이가 바로 진정한 깨달음에 이른 사람이다.

이러한 깨달음에 도달한 자는 더 이상 윤회의 굴레에 묶이지 않는다. 지금 이 삶, 이 육신이 그에게는 마지막이다. 생과 사를 넘어선 존재, 모든 업에서 벗어난 자유로운 자. 그의 삶은 마침내 종착지에 이르렀다.

우리는 그런 이를 두고 위대한 성인이라 부른다. 아니, 그는 단지 성인이라기보다 '진정한 대장부'라 할 수 있다. 세상의 풍파나 내면의 욕망 앞에서 흔들리지 않고, 진리를 향해 자신을 갈고닦아 마침내 자유에 이른 자. 그것은 외적인 힘이나 명예가 아니라, 자신을 이겨낸 내면의 위대함에서 비롯된 이름이다.

진정한 대장부란, 그처럼 고요하면서도 깊은 사람이다. 세속의 번뇌를 넘어 진리와 자비, 그리고 자유를 실현한 자. 우리가 나아가야 할 궁극의 길은 그가 걸어간 그 길 위에 있다.

이 구절은 집착을 완전히 끊고 경전의 깊은 뜻을 꿰뚫어 진정한 깨달음에 이른 위대한 성인과 대장부의 모습을 찬미하며, 그가 더 이상 윤회하지 않는 마지막 육신을 받았음을 전하고 있다.

자신을 이긴 자가 되라

싸움터에 누군가가 나가
혼자서 백만대군을 물리쳤다고 해도
어찌 이를 두고
스스로 자기 하나를 이긴 장부의
진정한 승리에 비할 수 있으리.

′ 세상에는 외적으로 위대한 승리를 이룬 이들이 있다. 전장에 나가 혼자서 백만대군을 물리쳤다는 전설 같은 이야기는 사람들의 마음을 흔들고, 우리는 그런 영웅에게 박수를 보낸다. 하지만 과연 그 승리가 인간으로서의 가장 위대한 승리일까? 진정한 승리는 바깥의 적을 이기는 것이 아니라, 자기 자신을 이기는 데에 있다. 자기 자신을 이긴다는 말

은 단순히 참고 견디는 차원을 넘는다. 그것은 욕망을 다스리고, 분노를 가라앉히며, 어리석음을 직시하고, 자만과 탐욕을 내려놓는 것이다. 겉으로 보기엔 조용한 싸움일 수 있지만, 그 싸움은 인간이 치를 수 있는 가장 치열하고 위대한 전투다. 백만 명의 적을 무너뜨리는 것은 외적인 힘이 강하다는 증거일 뿐이다. 그러나 내면의 어두운 그림자를 이겨낸 사람은 마음의 주인이 된 사람이며, 그것은 단지 강한 것을 넘어 지혜롭고 자유로운 존재가 되었다는 뜻이다.

이런 사람을 우리는 진정한 장부丈夫라고 부른다. 장부란 육체적 힘이나 영웅적인 행위만으로 이뤄지는 것이 아니다. 오히려 조용히, 그러나 깊이 자신과 마주하며 삶의 본질을 꿰뚫은 자, 자기 자신을 초월한 자에게 붙는 이름이다.

이 구절은 외부의 싸움에서 이기는 것보다 내면의 자신을 이겨내는 것이 훨씬 더 위대하고 진정한 승리임을 알려준다. 진정한 용기와 힘은 외부가 아닌 내면에서 비롯된다는 깊은 깨달음을 담고 있다.

자기에게 항복하라

자기 자신을 이기는 것은
그 누구를 이기는 것보다 빛나는 진정한 승리
자기를 꺾고 자기에게 항복을 받은 사람
그가 드디어 모든 것의 주인이 될 것이니.

 ˊ사람들은 종종 남을 이기는 데서 성공을 찾고, 타인을 제압하는 데서 강함을 이야기하곤 한다. 그러나 인생에서 진정으로 빛나는 승리는 남과의 싸움에서 이기는 것이 아니라, 자기 자신을 이기는 것이다.

 자신과의 싸움은 외적인 경쟁보다 훨씬 더 고요하고 치열하다. 내 안의 욕망을 이기고, 분노를 가라앉히며, 어리석은 집착을 내려놓는 일. 그것은 때로 수십 년에 걸친 인내와 통찰, 반복되는 후퇴와 고통 속에서 이루어진다. 그리고 마침내 어느 날, 자기 자신을 꺾고 자신에게 항복을 받아낸 사람은 비로소 자신이 누구인지, 어떻게 살아야 하는지를 아는 참된 주인이 된다.

자신의 마음을 다스릴 줄 아는 사람은 더 이상 세상의 거친 바람에 흔들리지 않는다. 그는 외부 환경에 휘둘리지 않고, 관계 속에서 중심을 지키며, 상황을 초월한 자유를 누린다. 그리하여 그는 단지 자신의 삶뿐만 아니라, 자신이 속한 세계 전체에 대해 책임지고 다스릴 수 있는 사람이 된다.

자기 자신을 이긴 자만이 진정한 승자다. 그에게는 더 이상 적이 없다. 그는 스스로의 가장 큰 벽을 넘어선 자, 이 세상 모든 것의 중심이요, 주인이 된다.

이 구절은 자신과의 싸움에서 이겨 자기 마음을 다스리는 것이 가장 빛나는 승리이며, 그렇게 할 때 진정한 주인이 되어 삶을 자유롭고 주체적으로 살아갈 수 있음을 전한다.

나의 주인은 바로 자신이다

그대의 주인을 애써 찾으려 하지 말라.
그대가 바로 그대의 주인이니
자기에게서 항복를 받은 사람
참으로 만나기 어려운 주인을 찾은 것이니.

′사람들은 종종 삶의 방향을 잃고, 그 공허를 채우기 위해 '누군가'를 찾는다. 더 나은 길을 인도해 줄 스승, 안정된 자리를 보장해 줄 권위자, 모든 혼란을 해결해 줄 구세주 말이다. 우리는 늘 어딘가에 나를 책임져 줄 주인이 있기를 바란다. 하지만 삶은 묻는다.
'정말 네 삶의 주인이 외부에 있는가?'
진실은 의외로 간명하다.

'그대가 바로 그대의 주인이다.'

이 말은 마음 깊은 곳에서 울리는 깨어남이다. 자기 삶을 이끄는 힘은 바깥에 있는 것이 아니다. 자기 안에 잠든 '주체성'과 '지혜'를 깨우는 것이야말로, 진정한 자유를 향한 첫걸음이다.

그러나 스스로 주인이 된다는 것은 쉬운 일이 아니다. 우리는 수없이 흔들리고, 욕망과 두려움 속에서 길을 잃는다. 자기 자신에게조차 속고, 핑계와 타협으로 스스로를 배반하곤 한다. 그래서 진정한 주인이 되려면, 먼저 자신의 마음을 꿰뚫어 보아야 한다. 자신의 어리석음을 보고도 회피하지 않고, 자신의 탐착을 보고도 거두며, 자신의 분노와 집착을 조복시킬 줄 알아야 한다.

'자기에게서 항복을 받은 사람.' 이 말은 곧, 자기 내면의 혼란과 갈등, 번뇌를 다스린 사람이라는 뜻이다. 그는 더 이상 외부의 상황에 휘둘리지 않고, 자기 마음을 자신의 손에 쥔 사람이다. 그는 더 이상 남이 시키는 삶을 살지 않으며, 자기 자신을 이끌고, 보호하며, 넘어진 자기를 다시 일으켜 세울 줄 아는 사람이다. 그런 사람은 세상에서도 드물다. 그래서 말한다.

'참으로 만나기 어려운 주인을 찾은 것이다.'

그것은 외부에서 찾아낸 인물이 아니라, 스스로 내면 깊은 곳에서 발견한 '진정한 자기 자신'이다. 인생의 참된 스승은 자신이다. 가장 강한 지도자는 자기 마음을 다스릴 줄 아는 사람이며, 가장 빛나는 존재는 자기 안의 어둠을 꿰뚫고 나아간 자이다. 우리는 그런 주인을 만날 수 있다. 바로, 자기 자신 안에서.

비난받지 않는 자는 없다

옛날부터 전해 오는 말이 있네.
지금 들어도 틀림이 없는 말
"침묵하는 사람은 비난을 받는다"
"말 많은 사람도 비난을 받는다"
"말을 아껴도 비난을 받는다"
그러므로 이 삼계에 비난받지 않는 사람은 없네.

옛날에도 없었으며 앞으로도 없을 것이며
지금도 없네.
비난만 받고 있는 사람도
칭송만 받고 있는 사람도

그러나 분별력이 있는 사람이
"이분은 사람이 가진 온갖 허물을 버렸으며 진정으로 지혜로우며 알아야 할 것은 분명히 아는 지고至高의 덕망을 갖추었다"고 끊임없이 찬탄하는 사람이 만약 있다면,

감히 누가 이 사람을 비방할 수 있으랴.
진실로 잠부강의 순금으로 만든 금화와 같은 이 존재를
천상의 신들도 그를 찬탄할 것이며
범천梵天조차 그를 찬탄할 것이니.

 ' 세상에는 언제나 말이 많다. 침묵하면 무심하다고 하고, 말을 많이 하면 가볍다고 한다. 심지어 말을 아껴도 뭔가 꿍꿍이가 있는 것처럼 보인다. 어찌 보면 인간이란 존재는 무엇을 해도 누군가의 평판에서 자유로울 수 없는 운명에 놓여 있는지도 모른다. 과거에도 그랬고, 지금도 그러하며, 앞으로도 다르지 않을 것이다.

 비난만 받는 사람도, 칭송만 받는 사람도 이 세상에는 없다. 누군가에게는 성자요, 누군가에게는 위선자로 보이기 십다. 그 누구도 모두에게 완벽하게 받아들여지는 일은 없다. 이것이 세간의 이치이자 인간 세상의 진실이다.

하지만 참으로 지혜로운 눈을 가진 사람들도 있다. 그들은 말이 아니라 삶으로, 겉모습이 아니라 내면으로 사람을 보는 이들은 알아본다. 허물과 번뇌를 버리고, 맑은 지혜로 세상을 꿰뚫는 이가 있다면, 그 사람은 세상의 평판을 넘어선 존재이다.

그는 마치 잠부강에서 걸러낸 순금으로 만든 금화처럼 순수하고 귀한 존재다. 눈 밝은 이들이 끊임없이 찬탄하며, 천상의 신들조차 고개를 숙이고 우러러보는 그런 인물. 인간의 말로는 다 담을 수 없는 위대한 덕성과 깊이를 지닌 사람. 진정으로 자신을 다스리고, 세상의 분별을 넘은 사람이다.

우리는 모두 언젠가 누군가에게 비난받는다. 그러나 괜찮다. 진짜 중요한 것은, 그 비난을 넘어서 어떤 존재로 살아갈 것인가이다. 칭찬과 비난의 파도 속에서 길을 잃지 않고, 묵묵히 진실하고 지혜롭게 걸어가는 자, 그런 자가 이 세상에서 가장 빛나는 사람이다.

선악 善惡

이런 사람이 진정한 바라문이라 한다.
세상의 선과 악에도 얽매이지 않고
슬픔과 죄악에서도 완전히 벗어난 사람
온갖 때들을 모조리 씻고 마음이 맑은 사람.

′ 우리는 종종 '진정한 수행자란 누구인가?'를 묻는다. 단지 법복을 입었다고, 경전을 읊는다고, 산속에 머문다고 해서 모두가 깨달은 이라 말할 수는 없다. 진정한 바라문은 세상의 선과 악, 두 개의 저울에 흔들리지 않는다. 선한 일에 집착하지 않고, 악한 일에도 휘말리지 않으며, 그는 모든 평가와 판단을 넘어선다. 그는 삶의 이면을 꿰뚫고, 선과 악이 다만 인연 따라 일어나는 것임을 안다. 그 마음에

는 슬픔도 머물지 않으며 세상의 고통은 없다. 죄책감도 후회도, 더 이상 그 마음을 얽어매지 않기 때문이다. 모든 속박을 끊고, 마음 깊은 곳까지 자유로워진 사람, 그가 바로 진정한 바라문이기 때문이다.

그는 탐욕의 때를 씻고, 분노의 먼지를 털고, 어리석음의 안개를 걷어낸 사람이다. 그 마음은 비가 온 뒤의 하늘처럼 투명하고, 물 위를 스치는 바람처럼 가볍고도 자유롭다. 이처럼 자기 자신을 정화한 자, 외부의 자극에 흔들리지 않고, 내부의 번뇌마저 다스린 사람. 우리는 그런 이를 가리켜 참된 바라문, 진정한 성자라 말할 수 있을 것이다.

이 구절은 진정한 바라문, 즉 수행자 또는 깨달은 성인의 내면 상태와 삶의 태도를 아름답고 간결하게 보여준다.

덧없는 육신

의식은 기약없이 떠나 버리고
이 몸뚱이는 머지않아 흙위에 나뒹굴리라.
오오 덧없는 육신이여,
이 몸은 썩은 나무토막보다
조금도 나을 것이 없으리.

′의식은 어느 순간, 아무런 예고 없이 우리 곁을 떠난다. 언제, 어떻게 떠날지 알 수 없는 그 불확실함 속에서 우리는 삶의 무상함을 마주하게 된다. 그리고 이 몸은 머지않아 흙 위에 누워, 생명이 떠난 뒤에는 단지 썩어가는 존재로 남게 될 것이다. 활기와 의미를 잃은 육체는 결국 땅으로 돌아간다. '아, 덧없는 육신이여' 이 탄식에는 허망함과 덧없음이 담

겨 있다. 잠시 의지했던 이 육체는 결국 영원하지 않으며, 썩은 나무토막보다 나을 것 없는 존재임을 상징한다. 육신에 대한 집착은 우리를 허망함에 가두고, 진정한 자아의 본질을 잃게 만든다.

이 글은 단순히 육체의 쇠락만을 말하는 것이 아니다. 인간 존재의 본질과 무상함에 대해 깊이 성찰하라고 권한다. 우리는 흔히 육체에 정체성을 의지하며 살아가지만, 그 육신 역시 언젠가는 사라질 존재일 뿐이다. 그래서 진정한 삶의 의미는 육신을 넘어선 의식의 본질, 즉 무상함을 있는 그대로 바라보고 거기서 자유로워지는 데서 시작된다.

이 깨달음은 불교의 무상 사상과 맞닿아 있다. 모든 것은 변하고 사라지며, 이 육신도 그 변화의 일부일 뿐이다. 따라서 우리에게 필요한 것은 덧없는 육신에 매달리지 않고, 그 너머에 있는 변하지 않는 본질을 찾는 일이다.

결국 이 글은 삶의 무상함과 덧없음을 담담히 받아들이고, 집착하지 않음으로써 진정한 자유와 평화를 얻으라는 깊은 메시지를 전한다. 우리 모두는 이 덧없는 육신을 안고 살아가지만, 그것이 전부가 아님을 기억하며 의식의 본질을 탐구해 나가야 할 것이다.

죽음을 피할 곳

천국에도 없으며 깊은 바다에도 없으며
심산유곡의 동굴 속에도 또한 없구나.
죽음을 피할 수 있는 곳이란
정녕 이 삼계三界 안 그 어디에도 없구나.

'천국의 가장 찬란한 빛 속에도, 깊고 끝없는 바다 밑바닥에도, 심산유곡 깊숙한 동굴 속에도 죽음은 결코 피할 수 없는 진실로 자리한다. 이 구절은 우리가 얼마나 간절히 숨으려 해도, 죽음이란 인간 존재에게 있어 피할 수 없는 절대적인 운명임을 명료하게 드러낸다.
　많은 이들이 바라는 천국은 영원한 안식과 행복이 머무는 곳이라 여겨진다. 그러나 그곳마저도 죽음의 그림자로부터 자유롭지 못하다는 사실은, 죽음이 그 어떤 경계도 허물어버리는 보편적 진리임을 보여준다. 깊은 바다와 외진 산속의 동굴처럼, 세상의 모든 은둔처와 격리된 공간도 죽음의 손길에서 벗어날 수 없다. 이처럼 죽음은 욕계, 색계, 무색계라는 삼계 전반에 걸쳐 존재하며, 인간이 놓일 수밖에 없는 조건적 세계의 한계를 상징한다.

우리는 이 진실 앞에서 두려움이나 회피 대신 담담함과 깨달음을 가져야 한다. 죽음의 불가피함을 인정할 때, 비로소 지금 이 순간의 삶은 더욱 소중해지고, 진정한 의미를 발견할 수 있다. 죽음과 삶이 불가분하게 맞닿아 있음을 깨닫는 순간, 인간은 삶의 본질에 다가서며 참된 자유와 평화로 나아가는 길을 찾게 된다.

이 구절은 결국 우리에게 삶과 죽음에 대한 깊은 성찰을 요구한다. 죽음이 피할 수 없는 현실임을 똑바로 바라볼 때, 우리는 겸허한 마음으로 현재를 살아가며 영원한 가치를 향해 나아갈 수 있을 것이다.